JN132096

国際地域研究 Ⅱ

北海道教育大学函館校
国際地域研究編集委員会 [編]

大学教育出版

序　　言

　北海道教育大学が全国の大学に先駆けて「新課程」を改組し、函館校に国際地域学科を設置したのは、2014 年である。函館校の「新課程」改組は、国際社会と地域が分かちがたく結びついているグローバル化時代にあって、「大学が率先して、社会の変化に対応し得る地域人材の育成を担ってほしい」という地域社会の強いニーズに応えたものであった。

　その設置目的は、教育面では「国際的な幅広い視野を持って、身近な地域の課題に挑みながら地域の活性化と再生に貢献できる人材の養成」であり、研究面では「『地域学』あるいは『地域研究』というものが内包するあらゆる研究分野における理論的研究と実践的研究を融合的に深め」ながら、「複雑化する現代の諸課題に対応し、先進的かつ学際的研究を推進」して「その成果を地域に還元する」ことにある。

　こうした理念に立って最初の卒業生を送り出した 2018 年度に、函館校はその間の成果を世に問う『国際地域研究　I』（大学教育出版）を刊行した。これは「国際地域研究の地平線 ― 函館からの出発 ―」をテーマに掲げて開催した国際地域研究第 1 回シンポジウムを踏まえ、新たな学問領域である国際地域研究について、学内外の研究者が最新の知見を紹介しながら今後の方向性を探ってみたものである。

　今回刊行する『国際地域研究　II』は、さらに新領域へ踏み込んだ続編と言える。2019 年 6 月に開いた、2 回目となる国際地域研究シンポジウムは、「国際地域研究の現実的課題 ― 国際化の中でさぐる地域活性化へのカギ ―」と題し、現実の具体的課題を取り上げ、これからの時代をどのように描いていくかということに焦点を当てた。本書は、そのような問題意識に立っての研究成果を集大成したものである。

　ここで現代社会の現実に目を向けると、真っ先に浮かび上がるのはグローバル化と切り離すことのできない問題である。そこでは、ヒトやモノ、資本、情

報・通信が地域や国家の垣根を越えてボーダーレスに移動するなか、激しい競争原理が働いている。それを背景として、先進国では景気が悪化し、それに輪をかけるように、米中貿易戦争が世界経済の先行きに影を落としている。さらには、世界の平準化、大衆化が進む一方で格差が拡大し、グローバリズムの恩恵に浴さなかった人々の不満が高まっているという側面もある。

　もう一つ、高齢化と人口の減少という問題もある。日本は世界で一番早く超高齢化社会に突入し、人口の3分の1近くを65歳以上の高齢者が占めるという、かつてない事態を迎えている。日本の人口は2008年の1億2,800万人をピークに年々減少の一途をたどっている。少子化に伴う人口減少は、深刻な人手不足とマーケットの縮小をもたらしている。そればかりでなく、大都市への人口集中が進み、地方とのアンバランスが拡大しつつある。そうした社会構造の急変に対応するため、政府は人工知能（AI）開発などのイノベーションに活路を見いだそうとしているほか、不足する労働力を補うために外国人労働者の受け入れを拡大する方向へと舵を切った。今後5年間で最大34万人という外国人労働者を受け入れることは、私たちに新たな課題を突き付けることにもなる。つまり、日本語教育や医療などに対応するために財源と人材の確保を迫られるだけでなく、多様な文化的背景を持つ人々とどのように共存していくのかを、日本国内にあっても考えていかなければならない時代に入ったことを意味している。

　北海道の人口は23年前の1997年をピークに、全国平均に先駆けるように減り続けてきた。その一方で、外国人の人口は増え続けている。こうして見ると、北海道は、社会構造の急変にさらされている現代日本の縮図とも言え、それだけに、北海道の地で国際地域学科という教育研究組織を持つ本学の役割は重要である。

　年号は平成から令和へと変わった。この時代の転換期にあって、私たちは、特定の場所で生活する人々や、その場所特有の自然環境が長年にわたって築き上げたコミュニティーを、これからどのようにして維持し、発展させていくのかを真剣に構想していかなければならない。

　昨今、ますます複雑化する国際関係の行方とそのなかで日本がとるべき針

路について、私たちは敏感に情報をキャッチし、物事の本質を捉えるために考察して認識を深め、また他者との議論を通じて適切な判断を下して果敢に行動していく必要がある。国際地域学・地域研究は、そのために欠かせない学問として、今後、重要性を増すと確信する。幸い好評を博した『国際地域研究 Ⅰ』に続き、ここに『国際地域研究 Ⅱ』を刊行できることは、本学の喜びとするところである。読者の皆さまから、忌憚のないご意見、ご批判、ご感想を仰ぎたい。

　2020 年 3 月

北海道教育大学長　蛇穴 治夫

『国際地域研究 Ⅱ』の刊行にあたって

　北海道教育大学が函館校に国際地域学科を設置して6年目を終えようとしている。この学科は、本学の教員養成の実績を生かして、地域の再生や活性化、ならびに国際化に寄与できる人材の育成を目指している。そのため、地域の実践的課題解決能力を養う「地域プロジェクト」や海外体験型科目の「海外スタディツアー」、地域課題の診療所をイメージした「ソーシャルクリニック」などの授業がある。さらには、2018年より道南地域の観光や教育に関して深く学び、本校独自の認定資格「HAKODATE コンシェルジュ」を得るための養成プログラムの取り組みも始まっている。

　こうしたなかで、2018年6月に「国際地域研究の地平線 ― 函館からの出発 ―」をテーマに第1回シンポジウムを開催し、新しい学問領域である国際地域研究について最新の知見を紹介しながら、今後の方向性を探り、2019年3月には『国際地域研究 Ⅰ』を刊行した。また、2019年6月には第2回シンポジウム「国際地域研究の現実的課題 ― 国際化の中でさぐる地域活性化へのカギ ―」を開催し、国際化の渦中にあって、地域活性化に向けての現実的な課題とは何か、教員養成・多文化共生・国際教育協力の視点から今後の指針を示した。これらの取り組みにより国際地域研究の成果が地域に還元されるとともに、学科の授業内容に反映され、学生の研究活動にも取り入れられ、そのなかから新しい研究テーマが生まれ、国際地域研究をさらに発展させるというサイクルも見られるようになってきている。さらに『国際地域研究 Ⅱ』を刊行できることとなり、国際地域研究をより推進できるものと考えている。

　このようなことを教員養成系大学が行うことの意義は、地域の課題や現状を理解している学校教員がますます必要になっていくと考えるからである。今後は、国際地域研究の成果をどのように教員養成に生かすことができるかということを検討し、地域で生きていくことの意味や豊かさをしっかりと理解した教員の養成を支え、地域の学校への支援を行っていきたい。そしてさらに、社会

人の学びなおしや外国人児童生徒への対応など、地域のニーズに合った教育や
学校へのリポートのあり方についても研究を続け、地域の学校教育や学校教員
を支えていきたい。

　本学の国際地域研究について、これまでの成果の一端をまとめたものが本書
である。国際地域学や地域研究に関心を寄せる多くの方にご覧いただき、ご意
見やご感想をお寄せいただければ幸いである。

　2020 年 3 月

　　　　　　　　　　　　北海道教育大学函館校キャンパス長　五十嵐　靖夫

国際地域研究 Ⅱ

目　次

第1部　国際社会における日本の役割

世界は30年間で変わった ― 新興国の台頭 ― ／民主主義国のポピュリズム／アメリカの指導力低下／日本の外交課題は何か／第1の危機：米中対立 ― アメリカで強まる対中脅威認識 ― ／中国の国家資本主義／アメリカ大統領選挙という国内政治／諸刃の剣、中国のナショナリズム／経済の相互依存関係／日本はビジョンを持て／第2の危機：朝鮮半島 ― 火を噴きかねない核危機 ― ／「核」の切り売りで狙うもの／大きな絵を描かねば拉致問題は解決しない／核・ミサイル問題の解決は日本の重大事／第3の危機：イラン ― 高まる戦争の蓋然性 ― ／アメリカの反イラン感情／日本は緊張緩和へ役割を果たせ／第4の危機：イギリスのEU離脱 ― 問われる合理性 ― ／日本は相互依存関係の拡充に努めよ／【質疑応答】

第2部　国際地域研究　各論

【北海道の課題】

第 3 部　シンポジウム

第1部

国際社会における日本の役割

第1章

国際関係の行方
― 日本はどう取り組む？[1] ―

田中　均

どうも、ご紹介にあずかりました田中均です。

今の学長先生のお話と、山岡先生の懇切丁寧なご紹介をありがとうございました。きょうはあまり時間もありませんので、いくつかに限ってお話を申し上げたいと思います。

1つ目の話というのは、ちょうど平成から令和に時代が変わったわけですけれども、平成の30年間にいったい世界でどういう変化があったのかということです。その変化のなかで今、日本もそうですし、世界もいろんな難題に向き合っているということなので、まずどういう変化があったかというお話をしたいと思います。

そのうえで、そういう変化のゆえに起こっているものが大きいのですが、世界が直面している4つの危機と、それに対して日本はどういうふうに向き合っていくべきかというお話をさせていただきたいと思います。

4つの危機というのは、第1には、あしたちょうど大阪で米中の首脳会議が開かれるのですけれども、米中の対立です。これはどういう意味があって、どうなっていくのかということについてお話しします。

それから2番目に、朝鮮半島です。今、山岡先生のほうから、私が携わった北朝鮮との1年間の秘密交渉の結果、2002年9月に小泉総理大臣の訪朝が実現したと話していただきましたが、北朝鮮問題というのはどういう問題なのか、どうなるだろうかという話です。

　3番目に、イランです。これも実は私自身、イランともずいぶん交渉したのですが、アメリカとイランの非常に厳しい対立が続いているのですけれども、はたしてこれがどうなりそうか、戦争になるのかという話です。

　それから、最後に時間があれば、ヨーロッパ、Brexit（イギリスのEU〈欧州連合〉からの離脱）の話をしたいと思います。先週、10日間かけてヨーロッパのいろいろな国を回ってきたので、その話も含めてお話をさせていただきたいと思います。

世界は 30 年間で変わった ─ 新興国の台頭 ─

　それでは、世界はこの平成の30年間に何が変わったのでしょうか。これは、学長先生のお話にもありましたけれども、すべての端を発したのはグローバライゼーションです。要するに、モノ、サービス、資本、それからヒトで、学長先生のお話には通信という言葉もありましたけれども、要するに、そういう生産の要素が国境を越えて世界中を回った結果、何事が起こったかということです。

　グローバライゼーションの結果起こったことは、一つには、これは当然だと思うのですけれども、所得が低い、まだ開発されていない地域に資本とモノとサービス、ヒトが行くわけですから、その国の所得は上がっていったのです。ですから、世界の所得の平準化に向けての動きが起こりました。要するに、新興国と言われる国々のGDP（国民総生産）が増え、それぞれの国の力が大きくなったということです。

　私が外務省のアジア大洋州局長というアジア担当の局長を2002年にやっていたときに、中国というのはGDPが日本の5分の1でした。今、中国のGDPは、日本のほぼ3倍です。3倍ですよ。ですから、いかに急速な経済発展が中国の台頭につながっているかということです。

　1989（平成元）年に、日本と中国とアメリカのGDPのバランスというのはどうだったでしょうか。当時は、日本がアメリカを追い越すのではないかと言われた時代でした。日本のGDPはアメリカの6割でした。「ジャパン・アズ・ナンバーワン」が流行語になり、日本がアメリカを追い越すのではないか

ということが言われました。そのころに、中国のGDPは日本の20パーセント（％）にも満たなかったのです。それが今は1対4対3です。日本が1で、アメリカは4、中国が3なのです。ですから、どれだけ力のバランスが変わったかということが一目瞭然だと思います。

　当然、力のバランスが変われば、大きな力を持った国同士の対峙というのが出てきます。

民主主義国のポピュリズム

　それから、グローバライゼーションがもたらしたもう一つの結果というのは、実はこれも学長先生のお話にありましたけれども、あえてそういう言葉を使われませんでしたが、ポピュリズム（大衆迎合主義）ということです。要するに、先進民主主義国の現象ですが、先進民主主義国において所得格差が拡大し、また、移民・難民が流入した結果、不満が国内にたまったということです。その不満を、その時々の既成の政党や既成の政治家が処理してくれなかったという非常に強い不満が、とりわけアメリカ、あるいはイギリスやヨーロッパに生まれました。日本にそれがなかったとは言いませんが、日本の場合、少し違う不満がポピュリズムを生んでいきました。日本はナショナリズムの要素が非常に強いと思います。とにかく、そういう形で、グローバライゼーションが生んだもう一つの要因として、国内の不満が、これまで政治がそれを解決してくれなかった、したがって、新しい政治を求めた、これがトランプ現象と言われるものであり、それからイギリスのBrexitということにつながっていきました。

　「トランプ現象というのは、トランプ大統領のゆえにこの世界になっているのか」とよく言われるのです。私は常に「違う」と申し上げています。なぜ違うかというと、今申し上げたように、不満が蓄積した結果のトランプなのだから、その不満が解消されない限り、トランプ的な世界は残る―トランプ的な世界というのは何かというと、アメリカファースト、自国ファースト、こういう世界なのです。

　この自国ファーストという世界を突き詰めていけば、実はアメリカという国

は、今までも自国ファーストでした。ところが、アメリカが考えた自国ファーストの時間的な流れというのはもっと長かったのです。彼らは、より中長期的にアメリカの利益になることを考えていました。中長期的にアメリカの利益になることとはどういうことかというと、例えば米軍の兵力を前方に展開する――ヨーロッパに10万の兵力と、アジアに10万の兵力、平時にそこで軍事訓練をして、その周りの国々がよこしまな気持ちを起こさないように抑止する、すなわち実際の戦争にならないように抑止力を平時に持っておくということです。アメリカには、第一次世界大戦でも第二次世界大戦でも、実際に戦争が起こってから参戦したという反省がありますから、そうならないように、平時に抑止力をつくっておくということです。

アメリカの指導力低下

　今、トランプ大統領が、「安全保障のために、日本やドイツは十分お金を使っていないじゃないか」と言っています。これまでの論理とまったく違っています。これまでの論理は、アメリカが兵力を配備して抑止力をつくっておくことによって戦争を起こさなくて済む、戦争になってからアメリカ自身が膨大なコストをかけて戦争をするよりも、長い目で見ればアメリカの利益に資する――こういう論理でした。ところが、今はまったく違う論理で、これがトランプの言うアメリカファーストなのです。

　今、保護貿易や自由貿易についての論理も同じようになっています。要するに、アメリカがこれまでやってきたこととは違ってきています。私などはちょうど、日米の貿易摩擦のときには交渉の最先端にいました。担当課長で、アメリカと20の協定を結びました。あのときに、アメリカの論理というのは、「おまえの市場を開かなければ、こちらの市場を閉じるぞ」ということでした。結果的には、アメリカは市場を閉じませんでした。日本の市場を開けたからです。しかし、今はむしろ自分の市場を閉めることを先にやっているわけですね。それを脅しに使っているということです。

　ですから、アメリカファーストという概念は、これまでアメリカが中心になってつくり上げてきた国際秩序、いわゆるリベラルな秩序、自由民主主義で

あり、自由な経済体制を維持することであって、そうすることこそがアメリカの長期的な利益なんだと理解されてきました。指導者というのは、当然持ち出しがあるわけです。指導者が得る報酬は大きいけれども、働かなければいけないわけです。だから、コストがかかります。ところが、今、アメリカが言っているのは、俺はもうコストを払うのは嫌だということです。ですから、短期的な利益を追求するアメリカファーストということが、トランプ大統領の頭の中にあるのです。

したがって、何が起こるかというと、アメリカの指導力がどんどん低下していくということです。先ほど、トランプは原因ではなくて結果なのだということを申し上げたのですが、これが続いていくと、今までつくられた国際的な秩序は崩れてくるのです。それをわれわれは座視してよいのでしょうか。私はよいとは思いません。

日本の外交課題は何か

なぜかというと、日本という国は、そういう国際秩序にきわめて大きな恩恵を受けているからです。戦後これだけの期間、平和に繁栄した国であり続けたのは、国際協調体制があったからなのです。相互交流という関係をつくることによって平和を維持しようというのが基本的な概念です。ですから、日本は、そういう秩序を崩してはならないのです。

幸いにして、安倍総理大臣は、トランプとの関係はきわめて近いのです。私はヨーロッパに行くと、「田中さん、安倍さんとトランプさんの関係はものすごくいい。ああいういい関係をつくるのは大変なことですよね」とみんなに聞かれます。例えば、ドイツのメルケル首相などはそっぽを向いてしまっているわけですよね。なぜなら、トランプには知性が感じられないからです。要するに、トランプにとっては全部取引なのです。

普通、取引というのは、基準があるはずです。例えば不動産の場合には、客観的な価格といったものに従って商売をするのですけれども、あの人は違います。非常に自分のテコみたいなものをつくってやりますから、「そういう人と仲良くするのは難しいことだよね」ということをみんなが言います。ですか

ら、安倍総理大臣に世界が期待しているのは、「それほど親しいのだから、ア
メリカに対してきちんとものを言ってくれよ」ということなのです。

　G20（金融・世界経済に関する首脳会合）²⁾がきょうから始まっていますけ
れども、私はすごく期待しているのです。世界に対して、誰と握手するとか、
誰と会談するとかいうことが大事なことなのではなくて、日本にとって一番大
事なのは、そういう国際秩序を維持していくために、アメリカをできるだけ建
設的に、より中長期的に物事を考えることができるように引き入れていくとい
うことです。これこそが、日本にとって今の外交の最大の課題であると思って
います。

　こういう2つの事象がこの30年間に起こりました。グローバライゼーショ
ンが世界の国々の力関係を変えたということが一つです。もう一つは、国内の
ポピュリズムによって、既成の政治家や既成の政治政党がもはや力を持たなく
なったということです。確かにトランプさんは共和党の人ですけれども、実際
にトランプをつくったのは、共和党員や民主党員ではなくて、一般の人なので
す。

　今年の5月末に、ヨーロッパで欧州議会選挙がありました。その結果起こっ
たことは、既成の政党が、なかでもヨーロッパの政治を差配してきた社会民主
党と保守党の2つが大きく退潮したのです。そして、環境「緑の党」や、極
右、極左、これは反EUの政党ですけれども、そういった新しい政党が出て
きたのです。

　ですから、これは世界的な現象なのです。ポピュリスト、ポピュリズムの
結果、既成の政治家、既成の政党がどんどん力を失っているのです。その結果
生じていることを、これから4つの点に絞ってお話ししていきたいと思いま
す。

第1の危機：米中対立 ─ アメリカで強まる対中脅威認識 ─

　1つ目は、米中関係です。はたして米中関係はどうなるのでしょうか。日本
は、皆さんもそうですし、北海道もそうですけれども、米中貿易戦争が長く続
くことによって、必ず影響を受けます。もうすでに影響は出てきています。ア

メリカは中国原産の輸入品、約2,500億ドルへの追加関税率を25％に引き上げています。けれども、グローバライゼーションの特色というのは、中国原産といってもすべてが中国で生産されている製品ではないということです。中国が輸出しているだけであって、一種のサプライチェーンというのができています。要するに、日本など世界中の材料を使って中国が組み立てて売っているわけですから、アメリカの部品も入っているのです。ですから、追加関税率を25％に引き上げることは、何のプラスにもならないわけです。

　では、いったいなぜこんなことになっているのでしょうか。米中がここまで対立をしている原因というのは3つあると思うのです。

　1つには、さっき申し上げたように、中国のGDPがアメリカの6割に達したということがあります。これはいわゆる「6割論」というもので、「日本のGDPも1980年代の後半に6割近くになったから、アメリカは激しく日本をたたくようになったのだ」と言う人がいます。私が課長をやっているときに、議会で毎日のごとく対日差別法案が出てきました。ともかく、日米貿易摩擦の解決というのは日本の至上課題だったのです。同じことが今、中国で起きているのです。

　なぜでしょうか。中国が大きくなったからです。なおかつ、大きくなった中国が、世界で最も力を持った国になることを夢見るようになったからです。要するに中国の夢というのは、アメリカを追い越すことなのです。それを習近平国家主席は、中華人民共和国が成立して100周年にあたる2049年までに達成するよ、と言っています。これが中国の夢なのです。

　ですから、アメリカにしてみれば、アメリカが圧倒的に強かった時代が終わるのかということに対して、非常に強い危機感があります。アメリカは中国に対して、トランプだけではありません。国務省や国防総省も脅威の認識を非常に強く持つようになってきました。これが1つ目の理由であります。

　2つ目の理由は、やはり体制の違いに起因しているのです。中国の政治体制というのは、共産党の一党独裁体制です。それから、この一党独裁体制のなかで、経済的な運営の仕方も違うということです。それは、いわゆる国家資本主義と言われています。国家資本主義というのは、今ニュースになっている

ファーウェイ[3]の話にもうかがえますが、別にファーウェイが問題というよりも、ファーウェイを生んだ国家資本主義が問題だというようにアメリカは捉えているのです。

中国の国家資本主義

　国家資本主義とは何かというと、国イコール共産党なのですが、共産党が自分のプライオリティを決めて、特定産業を振興させるために、国の補助金を集中的に注入する仕組みのことです。その結果、今の中国では、ハイテク製品であったり、あるいはAI（人工知能）であったりするわけですが、そういう先端産業の分野がどんどん発展しているのです。

　それは、フェアではないと思いませんか。なぜなら、今の自由資本市場、自由経済市場というのは、基本的には個人の自由をベースとして、企業がフェアな条件のなかで競争して産業が生まれているのですから。

　私はサンフランシスコに2年間いましたけれども、しょっちゅうシリコンバレーに通っていました。いったいどういうコンセプトで産業が発展しているんだろうかということを見たかったからです。というのは、シリコンバレーというのは移り変わりが激しいわけです。製造業の世界から金融の世界にいき、IT（情報技術）の世界にいき、AIの世界にいき、どんどん変わっていく世界がそこにはあるのです。シリコンバレーに何があるかと言えば、全部あるのです。要するに、ファンドもあれば、リーガルサービスもあり、簡単に事務所も借りられるのです。

　ですから、ああいう自由な世界で育てられたいわゆる資本主義と、それから、国の指示のもとでつくられている国家資本主義体制、この体制の違いというのが2番目の大きな理由です。中国が今の体制を続ける限り、アメリカは中国に追い越されないかという非常に強い思いから抜け出せないということです。

　そして、3番目に、これが実は一番大きな理由かもしれませんが、この米中貿易摩擦、米中対峙、中長期的対峙がそれぞれの国内政治に直結しているということが挙げられます。つまり、判断の基準が国内政治なのです。アメリカの

場合も、中国の場合もそうなのです。

アメリカ大統領選挙という国内政治

　アメリカについて言えば、ご存知のとおり、トランプさんの今の意識というのは、2020年11月の大統領選挙で再選されるということなのです。それに対する今のトランプを取り巻く環境というのはよくありません。なぜよくないかというと、まさに前の選挙のときに起こったロシアによる介入が尾を引いているからなのです。この「ロシアゲート」については、このモラー特別検察官が捜査をして、結果的には、トランプが有罪だということはできませんという結果になりました。しかし、これは政治的な結論を持ち越したというだけのことで、それを受けた民主党は、再び議会でいろいろな人の証言を得て、トランプ大統領を追い詰めようとしているわけです。

　トランプさんにしてみれば、再選するための今の最大の期待要因は、実は外交なのです。議会で予算や法律を通さなければいけない国内政策については、ねじれ議会のもとで難しい状況です。これに対して、外交というのは大統領の専権なのです。アメリカでは外交をチェックする仕組みというのは、ご存知のとおり、高級官僚はみんな議会の承認を得なければいけません。しかし、いったん議会の承認を得れば、大統領が実際に政策を実施する場面でふるえる権限は大きいのです。

　実は善くも悪くも、世界の重大事 ―― 先ほど申し上げた米中、朝鮮半島、イラン ―― は、全部アメリカが起源なのです。ですから、いかに大統領の権限が強いかがわかるでしょう。1人の人間が世界の情勢をこれだけ変えられるというのは、恐ろしい気がします。ですから、そういう意味で、トランプ大統領が今、まさにアメリカの国内政治の観点から、自分が再選されるための戦略として、米中を選んでいるということです。なぜ選ぶかというと、アメリカの議会へ行くと、雇用というのはものすごく大事なのです。大統領選挙のときに、景気が悪いとか、失業率が非常に高まっているとか、そういうことは、現職の大統領にとってはものすごく不利な材料なのです。ですから、今、中国を傷めつけるということは、トランプ大統領にとってはプラスの要因なのです。

　なぜかというと、まさに中国が雇用を奪っているという —— うそか本当かは別です —— 要するにオーバーに使われている概念ですけれども、それによって大統領選挙は左右されているからです。中国を貿易の面で追い詰めるということは、実はトランプさんだけではなくて、議会の民主党、共和党ともに持っている共通利益であるのです。

諸刃の剣、中国のナショナリズム

　中国の場合は、これはきわめて複雑なのです。というのは、さっき申し上げたように、習近平の中国の夢というのは、中国が大きく成長すること、中国が強くなることなのですが、それはひとえに経済成長にかかっているからなのです。中国の経済成長は、これまで10%から7〜8%だったのが、今、6.5%なのです。今の共産党の政権、習近平政権を支えている最大の要素は、高い経済成長の維持にあります。となると、今のアメリカとの貿易摩擦は、ひょっとすれば、中国の経済成長の阻害要因になるかもしれないという面が一つあります。

　もう一つの面は、アメリカは非常に大きな国ですから、それに対抗するために中国は共産党政権が強い求心力を得ようとしてナショナリズムを使うところにあるわけです。日本との関係が一時きわめて悪くなった原因は何かというと、中国のナショナリズムがあるのです。2005 年あるいは 2010 年、もろもろのいろいろな事象において、中国の共産党政権は、日本との関係においてナショナリズムをあおったわけです[4]。ですから、必然的に日本との関係は悪くなりました。もっとも、日本についても同じことが言えるわけなのですけれども。

　こうして見ると、今は、アメリカが中国のナショナリズムの格好のターゲットになりうるというわけです。ですから、もしも、今の米中の貿易摩擦が続いて、米中対峙が長く続けば続くほど、中国はナショナリズムを使わざるをえなくなるということです。アメリカに対して、中国がナショナリズムを使って、本気で対峙していくということになっていくわけです。

　これは諸刃の剣で、さっき申し上げたように、これだけグローバライゼー

ションで相互依存関係が強くなってくると、そんな貿易戦争を続けるということは、アメリカの足を撃つことであり、中国の足を撃つことであるということです。しかし、経済よりも政治のほうが強いときもあります。それは、中国がナショナリズムをかきたてられると、否応にも米中対決で、中国はアメリカに従って何かをすることを嫌い、「何を」と強く反発していかざるをえなくなるからです。すでにそういうキャンペーンが始まっているのです。

　大阪で、あした（2019年6月29日）11時半から米中の首脳会談が行われますが、中国の習近平主席は、経済と大国主義という2つの間で非常に微妙なバランスをとっていくことが求められているのです。

経済の相互依存関係

　トランプ大統領にしてみれば、まさに自分の再選戦略として、中国からどれだけのもの得ることができるか、これが非常に大きなことになります。どうなると思いますか。

　何か私が申し上げると、あしたのお昼過ぎには結果が出てくるので、リスクが大きいのですけれども、私は楽天主義者、楽観主義者なので、私の描く結論は、一定の合意ができると思うのです。一定の合意というのは、「100％、ハンコをつきますよ」ということではありません。要するに、それを世の中の人は「休戦する」などと言いますが、休戦よりも、もう少し先にいくのではないかなという気がします。要するに、一定の方向に向けて米中で話し合いを続けていくということだと私は思います[5]。

　何が一番大事かというと、お互いの首脳が会談の後に出てきて、メディアに何を言うかということです。そのときに、「とんでもない」という発言になったら、株は落ちます。そういう思いのときには、株を持っておられる方は、今、売ったほうがいいです。

　けれども、私は決してそうは思いません。なぜかというと、これは私が申し上げる、世界を平和にする一つのカギかもしれない、相互依存関係があるからです。要するに、お互いが、どの国というように割り切れなくなってしまっているということです。

　新聞を見ると、スマホ（スマートフォン）のコンポーネントにどれだけの国がどういう寄与をしているかといった記事が出ていますよね。このように、中国のファーウェイのスマホにはいろいろな国の材料が入っているわけです。それを考えると、相互依存関係が強いということが、平和をつくる一つの要因かもしれないと私は楽観的になるのです。そうでなければ、やっていられませんよね、皆さん。常になる極端なことを言うトランプのような人がアメリカの大統領であるということによって、世界がこれだけ混乱に陥っているわけですから。しかし、結果的には、物事は合理性を持った方向に落ちていくのだと思います。それは経済相互依存関係というものが存在しているがゆえに、極端なクライシス（危機）になることは避けられる可能性があるということだと思います。

日本はビジョンを持て

　日本の最大の課題というのは、先ほど申し上げたように、世界を合理的な方向に戻していくことです。言うまでもなく、一方的にアメリカが相手を屈伏させるために関税をかけ続けるというのは違法なことです。WTO（世界貿易機構）というのがありますが、一方的な関税の賦課というのは、やはり違法なのです。私が担当者をやっているときも、アメリカは差別的な関税をかけようとしました。しかし、日本の市場は閉ざされているという思いがありましたから、日本は市場を開き、そうしたことによって、アメリカも関税をかけませんでした。つまり、今、日本がやるべきなのはそういうことなのではないかと思います。

　日本と中国との関係が改善していることは間違いありません。安倍首相に言わせれば、完全に正常に復帰しています。けれども新聞の見出しには、「安全保障課題や歴史課題等、いろいろなものを棚上げした一時の関係改善だ」という言葉が踊るわけです。今朝の新聞でしたかね。

　なぜ日中関係が改善したのかといいますと、要するにアメリカとの関係が悪くなる、そういうなかで、中国は日本との関係を改善したほうが自分たちの戦略に資するという判断をしたわけですね。

　日本が考えなければいけないのは、中長期的に中国とどういう関係をつくる

かというビジョンを持つことです。ビジョンがないと、相手に振り回されるだけに終わってしまいます。

　私は、そのビジョンの基本にあるのは、中国を変えていくために日本は努力するということだと思います。ただ、その変え方というのは、中国に対してバーンと牽制をするということも必要ですけれども、それだけではなくて、中国を巻き込んで、今のRCEPという東アジア自由貿易構想といったものを進めていくことが何よりも大事ではないか、共同作業をしていくということが大事ではないかと思います。

　これからも米中の危機は続きます。この危機というのは、火を噴くことはないと思います。折に触れてそれが貿易不均衡問題であったり、あるいはハイテクの投資、貿易問題であったり、あるいは台湾の問題であったりするでしょう。そういう問題をめぐって、米中の緊張関係が完全に解消されることはありません。このなかで日本がやっていくのは、きわめてデリケートではありますが、安全保障をアメリカに依存しているという事実は変わらないわけですから、中国を巻き込み、アメリカを巻き込んで、より建設的な関係をこの地域でつくっていくというのでなければなりません。

第2の危機：朝鮮半島 ― 火を噴きかねない核危機 ―

　次に、朝鮮半島の問題です。これは状況の推移によっては火を噴くかもしれないということです。私は、北朝鮮と1年間にわたって向き合いました。週末を利用して30回近く北朝鮮と交渉しました。それも大連という場所で、土曜日、日曜日に行いました。1回の交渉時間は10時間ぐらいです。1年間に30回ということは、ほぼ2週間に1回ということです。金曜日になると、総理大臣と相談をし、交渉を終え月曜日になると、報告に行くというプロセスを1年間続けたのです。

　北朝鮮という国は、民主的に運営されている国ではありません。民主主義のもとでは、選挙で選ばれる政治家は失敗しても選挙に落ちるだけで、命までとられることはないわけです。ところが、私の北朝鮮の交渉相手は、「田中さん、この交渉がうまくいかなくても、あなたは左遷されるだけでしょう。私は、命

がない」ということをよく言っていました。それほどに、交渉担当者は必死だったのでしょう。けれども、国も必死なのです。というのは、あの国は、金日成、金正日の国であり、今の金正恩の国ですから、彼らが生存できる体制を続けるということがすべてなのです。それだけに権力維持には懸命なのです。

　今朝も新聞に出ていましたね。1週間前、習近平主席が、就任後、初めて北朝鮮に行ったときに、北朝鮮は核兵器を廃棄する用意があるということを伝えたということです。なぜでしょう。北朝鮮という国は、すなわち金正恩という体制は、生き残るために必要だとして、核開発をしたわけです。要するに、核を持っている限り攻められることはないから安全だという理屈です。確かに、核を持っている国が今まで攻められたことはありません。逆に、核を放棄した国が攻められた例はいくつもあるではないか、ということです。

　ですから、金正恩が核兵器を廃棄することなどありえない、おかしいではないか、というふうに専門家は言うのです。けれども、私は少し違う見方をしています。金正恩という人はスイスにいたのです。北朝鮮の外で暮らした経験を持っているから、世界の動きをよく知っています。私が交渉をしているときも、私の交渉相手は、CNN を見て、それから日本の NHK を見ていました。それだけでなく、日本の週刊誌なども翻訳されたものが東京から送られてくるわけですが、全部読んでいましたよ。北朝鮮は、世界のことに対して、実はものすごく通じているのです。

　金正恩という三十何歳の指導者が考えたことは、生き残らなければいけない、しかし、核を持ったまま生き残れるか、ということなのです。おそらく、最終的な結論でないにしても、金正恩が考えているのは、核の切り売りをするということでしょう。つまり、核兵器をできるだけ長く持ったまま、自分たちの国が生き残るためのリソースを入れる算段をしているのでしょう。リソースというのは、外国からしか入ってこないのです。それは資金であり、技術であり、交渉を通じてくるかどうかというのがすべてなのです。核兵器を持ったまま、あなた方に経済協力をすることはなりません、という国連安全保障理事会の決議があるわけです。自分たちの体制の生き残りがかかっているから、北朝鮮は、国連安保理の決議を外すために必死になっているのです。

「核」の切り売りで狙うもの

　ですから、彼らの結論は、切り売りをする、すなわち、できるだけ長く核を持っているという雰囲気をつくったうえで、そのプロセスのなかで、できるだけ多くの経済協力を得るというものなのです。北朝鮮は、それはまず韓国から得るのだということで、着々と進めたわけですが、韓国からは最終的には出てきませんでした。それは国連安保理の決議があるからです。

　けれども、韓国の文在寅大統領は、進歩派として対北朝鮮融和主義を進めたいと考えています。にもかかわらず、韓国が経済協力をなかなか実現できないでいるので、北朝鮮からすれば、「何だ、アメリカの指図に従って、何もできないのか」という話になります。それで、相当焦っているというのが今の韓国の状況だと思うのです。

　ということで、シンガポールであった米朝の最初の首脳会談（2018年6月）というのは、ある意味、成功でした。ウィンウィン（共存共栄）だったのですね。これもトランプ大統領から見れば、オバマ政権ができなかったことを自分がやっているんだ、ということになります。

　今年（2019年）2月のベトナムでの首脳会談は失敗でした。なぜ失敗したかといえば、米朝間できちんとしたコミュニケーションが行われていなかったからです。まったく実務的な詰めがされていませんでした。

　この間、アメリカの対北朝鮮の交渉の担当者たちが、私に会いたいと言ってきて、会ったのです。彼らに真っ先に聞かれたのは、「田中さん、北朝鮮とどういう方法でコンタクトをとったんですか」ということでした。私は、秘話装置をつけて携帯電話で情報交換をしていたのです。携帯電話の番号が1つありさえすれば、その番号を通じてコミュニケーションができるということなのですけれども、アメリカは、今、北朝鮮との関係がほとんど切れてしまっているのですね。北朝鮮とコミュニケーションをとろうしても、返事が返ってこないという状況なのです。

　これは何を意味しているかというと、今、金正恩北朝鮮の体制は満を持しているのではないかと思います。彼らは、年末までに前進させたいというようなことを言っていました。はたして、この年末までの間に物事が大きく動くのか

どうか、それは、実務的な会合で、ロードマップ、すなわち核兵器廃棄のための道程が合意できるかにかかっているということなのです。

　一時、アメリカは、「とにかく一括核廃棄だ」と言っていました。しかし、これまで申し上げたように、北朝鮮の思惑というのは、できるだけ時間をかけて、いろんなものをもらいながら、核兵器を廃棄していくというものなのです。核兵器を廃棄しないわけではないけれども、一括廃棄ではなく、ステップ・バイ・ステップで時間をかけていくということなのです。

　しかし、先般、北朝鮮が示したのは、ファーストステップで、寧辺というところにある核施設を廃棄するということだけで、その次がありませんでした。セカンドステップ、サードステップがないから、アメリカは合意しませんでした。今度は、北朝鮮がファーストステップから最後の段階までの見通しを与えることができるか、というのがすべてです。これは本当に難しいと思います。

大きな絵を描かねば拉致問題は解決しない

　そういうなかで、今、安倍首相は北朝鮮と無条件で対話してもよいと言っています。私はテレビなどで申し上げているのですけれども、あらかじめ前提条件をつけて首脳会談をやりたいと言うほうがおかしいのであって、無条件であるのは当然の話だと思います。しかし、実際問題、成果を上げるためには、日本の国益に従って準備をしなければなりません。国益とは何でしょうか。

　今、世の中は拉致問題がすべてのことのようになっています。実は、私が北朝鮮と1年間交渉した最大のポイントというのは、拉致の被害者をできるだけ早く日本に取り戻したいということでした。北朝鮮は、そのころ拉致を認めていなかったわけです。それを認めさせて、できるだけ早く被害者を帰国させたい、また北朝鮮が認めない人については、あるいは死んだと言われる人については徹底的な調査をするということでした。しかし、このようなことを認めさせるためにはやはり信頼関係がないとできません。信頼関係をつくるということはどういうことかというと、一方的に相手を屈伏させるということではないのです。外交もそうなのです。相手の信頼を得るためには、やはり相手にとってもウィンウィン関係が成り立つ必要があるのです。一方的に武力を背景にし

て相手を承服させる外交などありません。

　ですから、ウィンウィンでなければいけないわけで、そのためには、やっぱり大きな絵を描いて、北朝鮮が拉致を認めて生きている人を帰し、生きていないという人に対しては徹底的な調査をするということは、彼らの利益なのだという構図をつくる必要があります。一方的に北朝鮮側に行動を求めても、無理なのです。「自発的に拉致を認めて、きちんとみんなそろって帰しなさい」という姿勢をとっていても、日本の国内ではそれで拍手喝采すると思うのですけれども、実はそれが解決につながるわけではないのです。

　ですから、北朝鮮に、それをやることがプラスだということを説明しなければいけないのです。それは大きな絵を描かなければできません。将来、国交正常化をすると、経済協力をはじめ北朝鮮にとってプラスになる展望が開けるのだから、と説得して拉致を認めさせるということなのです。それをやらない限り、北朝鮮は乗ってきません。単に「首脳会談をやりたい」といかに叫んでも、それだけでは成果を上げることはできないのです。拉致問題と同時に、日本にとって、核問題やミサイル問題を解決するというのがものすごく大事だという認識もなければなりません。

核・ミサイル問題の解決は日本の重大事

　2001 年 10 月でしたか、私が北朝鮮と最初に向き合ったときに彼らに言われたことは、「田中さん、朝鮮半島を日本が支配していたときに、朝鮮半島から連れ去った朝鮮人の氏名と名前、それがどうなったか、全部調べてください」ということでした。「自分たちの親は、あるいは祖母、祖父は日本名を持っていたのですよ」ということも言われました。私は、歴史は歴史として扱うことは必要だと思っていますが、それが今の関係に影響し、ブロックしてしまうようでは、何も進んでいきません。そういう北朝鮮の思いをかなえるわけにはいかないのですが、できるだけ対等の立場で、大きな絵を描こうとしました。

　それが2002 年 9 月の小泉訪朝につながりましたし、実はその後に核の問題で役割を果たした 6 者協議[6]というのは日本がつくったのです。日本国にとって、核やミサイルの問題解決をしていくというのは、ものすごく大事なことです。

　皆さん、ご存知ですか。日本がした過去の戦争は、ほとんどが朝鮮半島を舞台にしたものでした。豊臣秀吉の朝鮮出兵、あれは朝鮮全土が戦場になったわけですし、日清戦争も朝鮮半島が主戦場となりました。日清戦争がなぜ起こったかと言えば、清国が朝鮮半島に支配権を及ぼしたから、日本は日本の利益を守るために戦争をしたのです。

　それから、日露戦争もそうです。日露戦争というのは、朝鮮半島や遼東半島にロシアが干渉してきた、日本の利益に対して介入をしてきたから、戦争になりました。幸いにして、日清、日露とも戦争に日本は勝ちました。その結果、日本は韓国を植民地化するという道を進んでいきました。そこから日中戦争が始まり、太平洋戦争が始まっているわけですから、朝鮮半島を日本がどれだけ蹂躙してきたのかという話になります。過去が……と言われれば、それまでです。日本にとっては、安全保障上、それだけ大きな影響があったのが朝鮮半島です。

　ですから、それに対して日本は汗をかくべきだと私は思うわけです。当然、アメリカに任せるよという話ではありません。私は、そういう国益というものをきちんと踏まえて外交をやってもらいたいと思います。

第3の危機：イラン ― 高まる戦争の蓋然性 ―

　それから、3番目に大きなリスクというか、危機は、イランです。これは、ひょっとすると戦争が起こりかねません。今、申し上げた米中の間で戦争が起こるということはありません。なぜかというと、中国は核兵器を持っているし、かつ相互依存関係が、結果的には救ってくれるかもしれないからです。

　朝鮮半島は、場合によっては戦争になる危険があります。それは、アメリカが要求する核廃棄ということを北朝鮮が放棄したとき、「核廃棄はギブアップした、やらないよ」となった場合は、米軍は軍事的な圧力を強めていく、結果として、どこかで軍事的な衝突が起こる可能性がなくはないということです。

　イランの場合には、可能性はもっと高い、というより、蓋然性が高いです。それはなぜかというと、イランの場合には、イランが核兵器を結果的に持つことになると、核のドミノが間違いなく起きるからです。それはサウジアラビア

などが座視しませんから。ですから、中東は核の火薬庫になってしまいます。これは何としても避けなければいけないという理由があるわけです。

　それから、2番目に大きな理由としては、アメリカ国内にもイランに対して非常に強い強硬派がいるということが挙げられます。アメリカの強硬派には理由があるのです。私はワシントンに1979年から1983年までいたのですが、アメリカに着任して、毎日ABCテレビで放送されていたのは、テヘランのアメリカ大使館人質問題です。イラン革命の際、アメリカ大使館員が人質にとられたデイ1（day1）から始まって、人質が解放されたデイ444（day444）まで、連日トップニュースでした。

　ことの起こりは何かというと、1979年のイラン革命で、当時のシャー（国王）が国外に出た後、アメリカが入国を認め、受け入れたことです。その瞬間にイランの学生たちがテヘランのアメリカ大使館に踏み込んで、アメリカ大使館の館員を人質にとったのです。444日、人質をとり続けました。アメリカのテレビは、デイ1から、デイ444まで毎日、放映しました。世界に冠たる大国アメリカが、イランに人質をとられているのに解決することができない日々が1年以上も続いたわけです。そういうなかで、イランに対するものすごく複雑な感情がアメリカの中で固まっていったのですから、アメリカの反イラン感情というのは、とても強いわけです。

アメリカの反イラン感情

　その最先端にいるのが、トランプ大統領のもとで国家安全保障担当の大統領補佐官を務めるジョン・ボルトン[7]という人です。私は、あの人と交渉したことがあります。2004年ですか、私が外務審議官というポストにいたころです。イランの核問題が始まっていたわけで、G7（主要7カ国）の会合を前に私はヨーロッパに頼まれました。イギリスとフランスとドイツ3カ国が、「核の問題をイランと交渉によって解決したい、ついてはアメリカを説得してほしい」というのです。アメリカは、いわゆるネオコン政権でした。どなたか、最近上映された『バイス』という映画をご覧になった方がいるかもしれません。ディック・チェイニーというアメリカ副大統領を務めた人の物語です。映画で

も紹介されていましたが、9.11（2001年のアメリカ同時多発テロ事件）が起こった後、テロの原因は、ならず者国家がいるからだ、テロ問題は大量破壊兵器を開発するならず者国家を潰さない限り解決できない、ということを主張していた3人の政権幹部のうちの1人がこのディック・チェイニー副大統領です。あとの2人はラムズフェルド国防長官、そしてジョン・ボルトンという今の国家安全保障担当大統領補佐官です。彼は、当時は私のカウンターパートで、国務省の不拡散担当の次官でした。

　そのときに、「何とかアメリカを説得してくれ。アメリカが認めないと交渉できない。日本はアメリカと緊密な同盟関係にあるし、小泉・ブッシュというのは非常にいい関係だ、だから何とかアメリカを説得して」と、ヨーロッパに頼まれたわけです。それで、説得したのです。そこからイランとの交渉が始まって、今日に至っているわけです。

　ジョン・ボルトンは、上の人にオーバールール（具申を却下）されました。アーミテージ国務副長官やパウエル国務長官（彼は、元は軍の将軍でした）は、穏健派だったのです。オーバールールされたボルトンはいまだに怒っているのでしょうか。イランに対しては、体制を崩壊すること以外にないのだという意識を持っています。イランの中では、「革命防衛隊」のような強硬派がどんどん強くなっています。革命防衛隊というのは、日本の関東軍と同じです。関東軍というのは、満州で活動した日本の軍、青年将校たちです。革命防衛隊というのは、まさにイランの革命を守るための組織です。イランの革命とは何かというと、宗教に基づく政治体制なわけです。そういう革命防衛隊の非常に強硬な議論というのがあるのです。

日本は緊張緩和へ役割を果たせ

　ですから、ヨーロッパは必死でそれを止めようとしていたわけですが、アメリカの力は強いですよね。アメリカが制裁をして石油の輸入を禁止すると、ほかの国はイラン産の石油の輸入ができなくなってしまいます。なぜできなくなるかというと、要するにイランの中央銀行と取引をしなければいけないわけで、もし取引をすると、その銀行はアメリカの国内で取引ができなくなってしまいます。東

京三菱銀行にしても、三井住友銀行にしても、日本のメジャーバンクは取引ができなくなるわけです。それだけやはりアメリカの力は強いということなのです。

　この強硬派同士が意見を通せば、結果的に戦争になります。しかし、もはやアメリカは、平時に膨大な兵を張って、場合によっては「戦争をするぞ」という決意を示すという態勢にはなっていないのです。あのイラク戦争、2003年から始まった戦争のときに、アメリカは15万の兵力を湾岸に集めたのです。それから戦争をしました。今、アメリカがイラン周辺に送っているのは数千の隊にすぎません。戦争が切迫した状況ではありません。アメリカは戦争をするつもりはないのでしょう。

　アメリカがやっているのは、アメリカの同盟国を強くするということです。中東におけるアメリカの同盟国はイスラエル、サウジアラビア、エジプトです。こういう国に軍事的な支援、サウジアラビアとの関係では、長期的な武器売却をしています。10年間にわたって3,500億ドルです。イスラエルについては、ご存知のとおりで、イスラエルの利益になるようなことをアメリカは次々とやっています。例えばエルサレムに大使館を移すといった、もろもろのことですね。イスラエルという国の利益を担保しようとしているのです。

　なおかつ、今、アメリカが対中東政策で一番中核にすえている概念というのは、反イランだということです。ですから、このイランとアメリカの対立というのは、簡単におさまるものではありません。

　日本の原油の8割はホルムズ海峡を通ってきていますから、あそこで戦争が起きて、ホルムズ海峡に機雷が敷設されれば、もうタンカーは通れません。そうすると、日本の原油の8割は止まるんです。そうすると、何が起こるでしょうか？　皆さんは経験されたことがないかもしれませんが、1973年の石油ショックはとても大きいものでした。ホルムズ海峡に危機が起きれば、社会、政治経済体制に大きな混乱が起こるということを日本は覚悟しなければいけないわけで、そういうことになってはいけないのです。

　ですから、緊張緩和に向けて日本も役割を果たさなければなりません。とりわけアメリカと非常に強い同盟関係にあって、同時にイランとの通常な関係もあるということなのですから、安倍首相がイランへ行かれたというのは決して

悪いことではありません。結果的に、必ずしも緊張緩和をすることにはなりませんでしたけれども、こういうことというのは、引き続き外交努力をしていくということがきわめて大事なことだと思います。

第4の危機：イギリスのEU離脱 — 問われる合理性 —

　それから最後に、Brexit、イギリスのEUからの離脱です。これも、とても合理的とは思えないことです。私が最初にイギリスに行ったのは1970年です。1972年までオックスフォード大学に留学して卒業したのですが、あのころのロンドンの町というのは、もうゴミだらけでした。当時は労働党政権で、ストライキが頻発していました。「英国病」と言われたように、イギリスがどんどん斜陽になっていく、経済成長がマイナスになっていく、そんな世界だったのです。それを救ったのが、1973年のEC（EUの前身）加盟でした。イギリスはEC加盟によってマーケットを広げることができたのです。ヨーロッパとともにイギリスを位置づけることによって、イギリスはよみがえったのです。そこから離脱するのは合理的なことでしょうか？

　国民投票で結果的に離脱するということになったわけですけれども、あの国民投票をよく分析してみると、都会の人や若い人は、離脱反対が多かったのです。離脱票に賛成を投じたのは、より年をとった人たち、より地方に住んでいる人たちでした。やはり「イギリスの栄光」みたいなもの、イギリスの主権、国権、こういうものを非常に強い意識で見ていたわけです。「合理性を失っても、イギリスが残ればいいよ」というイギリス自身のアイデンティティー、すなわち世界を支配した国だという自意識です。

　経済の繁栄が損なわれていけば、それは過去の栄光にすぎなくなるのです。今のままだと、イギリスは、再び過去の栄光だけの国になってしまうおそれがあります。

　ですから、私は、何としてでもソフトランディングをしてほしいと思うのですが、それを紙一重で支えてくれているのが、経済合理性の概念なのです。要するに、合意なき離脱をするとどうなるかというと、経済がめちゃくちゃになるのではないかということです。これが、はたして今の状況を救うことになる

か否か、ということです。

　イギリスは、合意なき離脱を回避してソフトランディングすることができるのでしょうか。わかりませんが、そう願いたいものです。

日本は相互依存関係の拡充に努めよ

　本日、私が申し上げたのは、グローバライゼーション、その結果として2つのことが起こっている ―― それは新興国の力が強くなったということであり、民主主義国でポピュリズムが強くなってきたということでした。

　その結果、米中の衝突、朝鮮半島の核危機、それからイランの危機、さらにヨーロッパでのBrexitという課題の行方はどうなるのでしょうか。紙一重で、いずれの危機も進行が止まるかもしれません。紙一重のところで止まるのは、グローバライゼーションでできた各国の相互依存関係 ―― 戦争をしたり、対決をしたりすると、結果的に自分たちの繁栄が損なわれてしまうということ ―― があるからであって、それが世界を救うのではないか、と私は思っています。

　だとすれば、何が必要なのかは自明だと思います。日本の外交は、相互依存関係の拡充、深化を大事にするというものでなければなりません。貿易や投資、技術移転、技術交流、文化の交流、留学生や若者の交流といったことに、能動的に取り組んでいくということです。

　関連して最後に、国際地域研究について申し上げます。皆さんはグローバルな視点を持って地域の問題に当たっておられます。これから北海道の将来、あるいは函館の将来を計画されるときに、北海道に来ている外国人のことや国際的な要素を考えることなしには、成長の芽はありません。人口の激減ということもありますから、どこかで力を活性化しなければなりません。活性化はどこからくるかというと、若い人、若い人材からです。

　まさに各国の相互依存関係を大事にするということが、国を救うし、北海道、函館を救うと思う、ということを申し上げて、私の話とさせていただきたいと思います。

　ご清聴、どうもありがとうございました。

【質疑応答】

質問：田中先生、お話、ありがとうございました。函館校国際協働グループに所属している 3 年生です。私も将来、外交官になることを目指しています。来月からロシアに 1 年間留学してくるのですけれども、各国の相互依存がすごく大切であるというお話を聞きながら、自分が留学先の人たちと交流することが、今後の世界や日本の成長に意味を持つのだなということをすごく感じました。

　質問が 1 点あります。田中先生は、北朝鮮による日本人拉致問題の解決に尽力された方であると、講演前から重々承知しておりました。ところで、私が読んだ記事では、当時、北朝鮮から帰国した 5 人の被害者を、先生は、北朝鮮との約束どおりに北朝鮮に戻すということを望んでいらっしゃった、というふうに拝見しました。拉致被害者を北朝鮮に返してしまったら、その後のシナリオとして再び日本に戻す計画をどう考えておられたのか、お聞きしたいです。よろしくお願いします。

田中：ぜひ外交官になってください。ロシアに 1 年間に行かれるというのはとてもよいことだと思います。ただ、大事なことは、決して物事に偏見を持たないで、心の中を非常にオープンにして接するようにしてください。あらかじめ何かを遮断していると、決して物事というのは自分に会得できないですから、開いてください。

　おっしゃった、5 人の拉致被害者の帰国について私たちが考えていたことは、5 人の人を一時帰国させるということでした。それは、北朝鮮側の一時帰国にしたいという理由に、我々は納得したからです。

　その理由は、5 人の人には家族がいる、子どもたちがいる、その子どもたちを説得して、一緒に日本に連れて帰るということはできないということでした。要するに、これらの子どもたちは朝鮮人として育っているので、それを説得して帰すということは難しいというものです。というわけで、まずは一時帰国にして、それから徐々に説得をして、日本に永住帰国をしてもらう ── それが基本だったわけです。

　日本国の利益としては、拉致問題ですべてではないのです。まさに核の問

題もあれば、ミサイルの問題もあれば、過去の日本の清算の問題というのもあるのです。植民地支配をして与えた被害など、そういうことに対して、国と国との関係としてきちんと整理をしなければいけないということなのです。ですから、そういう日本の国益にとっていくつもの大事なことをも同時並行的に進めたいと思ったわけです。それらと拉致の問題をソフトランディングで解決することは可能だと考えたのです。それができませんでした。それをやっていればよかったかなと、今でも時々後悔することがあります。

　なぜできなかったかというと、帰国した被害者の家族が二度と北朝鮮に返したくないという強い希望を持っていたからです。一時帰国ではだめなんだとおっしゃるのです。もともと一時帰国として認めるときには、当時の政府の中、小泉総理大臣、福田官房長官、安倍官房副長官を含め、一時帰国にするという前提で、2週間日本にいてもらうということで決定をした経緯があります。

　ですから、そういう家族の要望を踏まえて、再度、政府の中で協議をしました。官僚の役割というのは何かわかりますか？　あなたが官になられるんだったら、ぜひ心得たほうがよいでしょう。役割があるのですね。その役割というのは、結果生ずることについて、きちんとみんなに理解してもらうということです。もしその結果について何も理解しないで、「あっ、わかりました、やりましょう」と、「永住帰国にしましょう」と言ったら、その途端に何が起こるか、私にはわかっていました。

　何が起こるかというと、北朝鮮とのこれからの交渉というのは破綻するだろうということです。それは、私は申し上げたのですけれども、物事というのは信頼関係によって成り立っているのです。「もし、その信頼関係にもとるようなことをすれば、交渉は切れてしまいますよ、だから、交渉が切れるということを理解してください」ということを申し上げました。

　私は、その結果、結論がひっくり返るとはまったく思わなかったわけです。それは政治家が「一時帰国ではなくて永住帰国にするんだ」と、「郷里の人たちがそう言っている」と言って決めれば、それを覆す方法なんてないわけです。

　ただ、私が思ったのは、「その結果生ずることについて理解してください、理解していただいたうえで返さないという、決定をしてください」ということでした。要するに、一時帰国ではなくて、永住帰国にする、けれども、最後にもう一回、私は相手と交渉しました。「永住帰国にする、それは日本人だから、日本政府がそれを決定するのは当たり前だ、ついては、今から我々が行くから、子どもたちを帰してくれ」と言いました。結局、北朝鮮側は、「それは約束違反だ」ということを言い張って、最後は決裂ですね。それ以来、交渉は途絶えたということです。官僚としてまっとうなことをしたつもりですが、それを政府のどなたかが、私が反対したという悪宣伝をされたということなのでしょう。

　だから、あなたが今言われたような、私が反対したというのが世間のパーセプションになってしまったわけです。これも官僚になられたら気をつけたほうがよいと思います。いったんそういうパーセプションがつくられたら、官僚が自己弁護することはできません。私は、いっさい自己弁護をしませんでした。当然、そのいきさつを総理大臣や官房長官、外務大臣はご存知なわけですから、彼らがメディアに対してきちんと述べてくれると思っていました。

　ところが、メディアというのは、1つのシナリオを作って、そこで動き出したら、これももう絶対に修正できないんですね。

　すみません、つらつらと17年前の話をしましたけれども、別に一時帰国でなくて、永住帰国にしたことが間違っていたとは思いません。けれども、時々、最近も思うことがあります。あのときに、自分も、永住帰国にしないで、いったん一時帰国にして交渉していたならば、今のような状況を回避できたかもしれないなと思う気持ちはあるのです。けれども、それはわからないですね、歴史には"if"はありませんからね。

　私は今、文句を言っているわけではないのです。皆さんに理解していただきたいのは、国の行為や外交といったものは、決して表面に出ている話だけのものではないということです。国の利益を守るということは、そんなに簡単なことではないということをぜひ理解していただきたい、そう思ってい

ます。

質問者：ありがとうございました。

編集者注

1)　北海道教育大学函館校シンポジウム「国際地域研究の現実的課題 ― 国際化の中でさぐる地域活性化へのカギ ― 」（2019 年 6 月 28 日）おける基調講演から。

2)　リーマンショックを機に発生した金融・世界経済危機に対処するため、G7（日米英仏独伊加＋欧州連合）に中印韓露など新興国を加えた 20 カ国・地域の首脳が、2008 年 11 月にアメリカのワシントン D. C. で初めて一堂に会して発足させたグループ。2019 年の G20 サミットは 6 月 28 〜 29 日に大阪で開催された。

3)　中国の大手通信機器メーカー、華為技術（HUAWEI）。次世代通信規格「5G」で世界をリードする ICT ソリューション・プロバイダー。中国政府とつながりが深く、アメリカ政府はファーウェイ製品を通じて機密が流出するのではないかという安全保障上の懸念から、排除する動きを強めている。

4)　2005 年 4 月、北京や上海で反日デモが起き、日本大使館などが投石被害にあった。2010 年 9 月、尖閣諸島付近の日本領海で違法操業中の中国漁船が、日本の海上保安庁の巡視船に衝突した事件をめぐり、中国政府がレアアースの輸出差し止めなど種々の報復措置を取ったほか、10 月以降、中国各地で反日デモが起きた。

5)　田中氏の予測どおり、 2019 年 6 月 29 日に大阪で行われた習近平中国主席との会談後、トランプ米大統領は、追加の制裁関税発動を当面見送るとしたうえで、中国との協議を維持する意向を示した。その後、同年 9 月、アメリカは対中制裁関税の第 4 弾 1 次分として家電など 1,200 億ドル相当の中国製品に 15％の関税を上乗せしたが、同年 12 月、米中は貿易協議で「第一段階」の合意に達したと発表した。両国政府は、2020 年 1 月 15 日に合意文書に署名し、アメリカは第 4 弾 1 次分で実施した追加関税率 15％を 7.5 ％ に引き下げることとなった。

6)　北朝鮮の核問題解決に道筋を示した 1993 年の米朝枠組み合意にもかかわらず、北朝鮮が秘密裏に核開発を続けているという疑惑が浮上するなか、2002 年に北朝鮮がウラン濃縮を認めたことから米朝枠組み合意は崩壊した。これを受けて、2003 年 8 月から、新たに北朝鮮の核問題解決のため 6 カ国で始まった協議。日本、アメリカ、中国、ロシア、韓国、北朝鮮から成る。2008 年 12 月を最後に中断している。

7)　トランプ米大統領が 2018 年 3 月、マクマスター国家安全保障担当大統領補佐官を解任したあと、後任に起用した。しかし、北朝鮮やイラン問題への対処などをめぐって意見の対立があったとして、2019 年 9 月 10 日に解任された。

第2章

エジプトでの国際教育協力プロジェクトの経験から
— 国際地域学科による国際協力の可能性と意義 —

田中　邦明

は じ め に

　北海道教育大学（以下、本学）は、1997年から2006年までJICA（現在の国際協力機構）のエジプトでのODA（政府開発援助）プロジェクトに、現職教員を専門家として派遣協力してきた。この事業は、本学全体で長期、短期を合わせて、延べ30名を超える教員が関わる大規模なものであった。プロジェクトの目標は、エジプトの小学校の理科および算数科の教師用ガイドブックの編纂であり、筆者は本学教員として在職中に、理科教育の専門家として長期、短期を合わせて約3年間のエジプト派遣を経験した。このような立場から、本学に蓄積されてきた国際協力の経験と教訓を学生の教育と学術研究に生かし、国際的かつ地域レベルでの社会貢献につなげることを課題としてきた。

　本章は、本学のエジプトでの国際協力の経験から得られた成果と教訓を、主に理科教育専門家としての立場から、実践・研究・教育の3つの視点で検討し、2014年に本学函館校に新設された国際地域学科の教育と研究の国際化にその成果を生かす実践を展望する。と同時に、函館校が立地する函館、道南地域の国際化を促し、今後において労働者としての外国人を地域社会が受け入れ、帰属する宗教や文化の異なる彼らと平和的に共存できる多文化共生的で世界に開かれた社会の構築に、大学として寄与できる方策について考察する。

1. ODA（政府開発援助）をめぐる途上国への基礎教育支援への着目

　北海道教育大学が JICA からエジプトにおける初等理数科教育改善プロジェクトへの協力要請を受けたのは 1996 年である。当時は、先進国による巨大開発プロジェクトに絡む ODA が、途上国の経済支配や環境破壊を引き起こしているとの「ODA 批判」が世界的に高まった「ODA 危機の時代」（渡辺・三浦 2003：3-26）であった。JICA もその例外ではなく、途上国での巨大プロジェクトの見直しと、人的資本への投資としての教育プロジェクトへの着目が図られていた時期にあたる。

　教育分野における日本の ODA の歴史は古く、JICA は 1957 年以降、途上国からの大学への研修生や留学生の受け入れ、海外技術センターでの技術者養成、専門家派遣による医師養成などの高等教育支援を継続してきた。しかし、1990 年代中期に、JICA は教育協力支援分野を専門・高等教育から基礎教育に大きく舵を切った（萱島 2018：4）。

　JICA によるこのような日本の ODA での基礎教育重視政策への転換の背景には（水野 2008：53-55）、1990 年国連「万人のための教育世界会議」での「EFA（Education For All）」への着目、さらに 1996 年 OECD 開発援助委員会での「新開発戦略」などに見られる基礎教育支援への関心の高まりがあった。これらの国際会議で、基本的人権としての EFA の確立とその保障による BHN（Basic Human Needs：人間の基本的欲求）達成の道筋が明らかとなり、基礎教育の量的・質的改善が最大の社会的収益率、経済的投資効果（黒田・横関 2005：3）をもたらすことが世界的に認知された。

2. エジプトにおける初等理数科教育支援プロジェクト

（1）　北海道教育大学のプロジェクトへの参加とエジプト側の対応

　JICA による基礎教育支援のなかでも、とりわけ理数科教育分野が着目された理由は、国際教育調査等で日本の子どもの理数科の成績が毎回上位を占め、初等理数科教育は日本の得意分野として途上国からの援助要請が強かったことである（国際協力総合研修所 2007：79-81）。また、JICA が本学に協力を要請した理由は、本学に国際教育協力に関心を示す教育学者が在籍し、かつ全国最大規模の教員数を擁する本学は、長期派遣にも応じられる専門家のスカウトにも都合がよかったためであろう。

　エジプトでの初等理数科教育改善に関する国際協力は、1997 年 11 月から 3 年間の「エジプト小学校理数科授業改善ミニプロジェクト」（以下、前期ミニプロ）、2003 年 4 月から 3 年間の「エジプト小学校理数科教育改善プロジェクト」（以下、後期プロ技）として実施された。これらの 2 つのプロジェクトで、本学は理科教育および算数科教育分野の若手教員を中心に、30 名を超える現職大学教員を長期または短期の専門家として派遣した。

　エジプト側のプロジェクト事務所は、カイロ旧市街にある教育省傘下の国立教育開発研究センター National Center for Educational Research and Development（以下、NCERD）内に置かれ、それぞれ理科・算数科教育の日本人専門家を中心に、カウンターパートとなる NCERD 研究員を束ねて、それぞれ理科教育チーム、算数科教育チームを形成し、現地の小学校の視察による授業観察、学力調査を実施したうえで、プロジェクト目標である理数科教師用ガイドブック（以下、教師用ガイド）の編纂と、NCERD 研究員および現職小学校教員の訓練に取り組んだ。

（2）　エジプトの小学校の理科授業の実態と競争的な教育環境

　学校の授業改善を図るためには、第 1 に授業を行う教師の力量、第 2 に授業教材や指導法、第 3 に授業が行われる学校をめぐる環境という 3 領域につい

ての実態把握が必須である。とりわけ、カリキュラム、学級規模、教室や理科室の設備、成績評価の取り決め、進級試験の有無などの学校環境は、教師の知識や指導力量を超えて教材や指導法に強く反映するものである。

1997年当時、エジプトの学校環境はきわめて深刻な状況下にあった。1992年カイロ大地震で多くの学校の建物が損壊したうえ、都市部への人口流入と出生率上昇による子どもの増加に学校の建設が間に合わず、カイロ市内では早朝から夜間まで3部制をとる小学校が少なくなかった（佐藤 1997：5）。

視察したカイロ市内でも人口過密地域のある小学校では、集合住宅を改装した間借り校舎で、狭い教室に50人以上もの児童がすし詰め状態になっていた。理科室も小部屋に大きめの木製テーブルが1個置かれただけという代物で、化学天秤やガラス実験器具などは盗難や破損を恐れて鍵付きのキャビネットに厳重保管され、ほとんど使用の形跡はなかった。別のある学校では、われわれ視察者のために授業で実験を演示してくれたものの、教科書どおりの実験が期待された結果を示さず、教師も子どもも戸惑う場面が見られた。教科書に再現性のない不適切な実験が載っているのは、教科書作成者自身が確認実験を行っていない証拠でもあった。

エジプトの小学校での厳格なカリキュラム管理は、事前調査時にすでに把握されていたが、実際の学校視察と現職教師、NCERD研究員からの聞き取りから、その実態と背景が浮かび上がってきた。エジプトの学校では教育省刊行の国定教科書と問題集の使用が義務づけられ、指定された指導法によって週ごとに決められた単元の授業を実施するようインスペクター（視学官）が巡回管理している。そして、一斉実施される学年末・学期末試験の内容や児童の成績はもちろん、抜き打ちノート点検まで導入されていた。エジプトの教師には自発的授業改善や校内研修を行う余裕がまったくないと判断された。これは理科教育に限らず、算数科教育チームの学校授業視察でも同様な状況が見られた。

短い授業時間内で児童を試験に合格させる手っ取り早い手段として、理科では暗記を促す知識詰め込み式の講義と問答が、算数では問題の解法説明と問題練習が授業の大半を占めていた。これほど厳格なカリキュラム管理の背景には、2006年当時でも成人識字率が6割にも満たないエジプト（世界銀行

2006）の現状を改善するために、12%にも及ぶ小学校修了時までのドロップ・アウトを解消し、基礎教育100%を達成することに躍起となる教育省の強い意向が反映しているものと推察された。

　一方で、義務教育修了後に問題となるエジプト社会での厳しい受験競争の実態も明らかとなった。エジプトでは成人識字率の低さに比して大学進学率は概して高く、1999年当時でも30%以上であった。大学進学を目指す高校生はみな、中等普通教育修了証書試験（サナウィーヤ・アンマ）と呼ばれる共通テストを受験し、その成績で大学・学部に配属される選抜システム（田中2007：63）が確立していた。あるNCERD研究員は、共通テストと受験競争はエジプト教育文化の象徴、華でもあると皮肉交じりに言った。

（3） エジプトでの理数科授業改善のための戦略

　このようなテスト至上主義の競争的教育環境下にある学校での理科授業では、実験が行われにくいのは当然と言える。実験の結果はすでに教科書に載っており、教室でわざわざ実験をするのは時間の浪費である。知識詰め込み式の授業と問題練習への集中は、苛烈な受験競争への適応の結果と思われたが、詰め込み式授業に対抗するためには、テストで好成績を取るのとはまったく次元の異なる目的と理想を掲げた改善授業の提案が求められた。それには、単なる授業方法の変更にとどまらない、大胆な授業戦略の転換が必要と思われた。

　エジプトの小学校理科の授業転換モデルとして筆者が着目したのは、児童全員がもれなく楽しめるような「たのしい授業」のモデルであった。このモデルへの着目は、カイロ市内の4校の小学校視察での児童観察に基づく。大人数教室の最後列には決まって一群の落ち着きのない腕白児童が着席していたが、彼らは授業終了のチャイムが鳴るやいなや教室を飛び出し、狭いグラウンドでサッカーに興じていた。エジプトではどの小学校でも目にする風景と言えるが、腕白児童たちは身動きの取れない教室で教師に叱られながら退屈な授業に耐えているように見えた。就学率を高めると、このようなドロップ・アウト予備軍の児童が教室内に増加して教師を困らせるが、困っているのはむしろ児童の方である。児童をつまらない授業に耐える苦痛から解放し、質の高い学習に

向かわせる必要があった。筆者は、理科で「たのしい授業への招待」を標榜している「仮説実験授業」（板倉 2011）の導入が有効と直感した。

　仮説実験授業は、1963 年に国立教育研究所（現在の国立教育政策研究所）の板倉聖宣によって考案された日本発祥の授業理論（板倉ら 1989）である。すでに理科の幅広い分野で【授業書】（板倉 2011：104-143）が開発され、固有の評価論と授業運営法によって、科学上の最も基本的な概念や原理を楽しく学ぶための授業が実践されていた。ただし、これら【授業書】の多くは日本製の理科実験器具や標準試薬類、日本国内で購入できる市販品の使用を前提に編纂されており、【授業書】の実験にはそのままエジプトで実施できないものが多く、エジプト国内で安価に入手可能な材料を使った代替実験と、エジプトの小学校理科の単元構成に見合った授業プランの開発が求められた。

　これらの制約条件があったため、前期ミニプロで編纂した理科教師用ガイドの内容はかなり限定され、エジプトの小学校理科 4 年、5 年の全 49 単元の約半数に対応したモデル授業プランを開発するにとどまった。これらの授業プランはいずれも 45 分以内で一応完結し、安価な材料で簡便に実施できる実験群を含んでおり、知識詰め込み型授業の合間にところどころ「たのしい授業」を導入するものであった。さらに、理科教師用ガイドの巻末に、モデル授業で実施する 50 種の理科実験の材料や操作手順をイラスト付きの短い文章で解説した。

（4）　オープン・クラスによる授業改善効果の実証

　前期ミニプロは、2000 年 11 月に理数科教師用ガイドブック作成を完了し、3 年間の目標を達成していったん終了した。これらの教師用ガイドは 2001 年に大幅に内容が圧縮されたものの、NCERD 研究員らがアラビア語に翻訳し、理科と算数科の別冊で簡易版教師用ガイドとして教育省から出版された。これらは、エジプト国内の現職教員研修に使用された。

　この評判が良かったこともあって、NCERD からの強い要請により、後期プロ技が企画される。筆者も 2003 年 4 月から 1 年間 NCERD に勤務し、前期ミニプロの教師用ガイドの改訂作業と普及、促進に取りかかった。当時、エジプトの小学校課程が 5 年制から 6 年制に延長され、2004 年度には教師用ガイド

の全面改訂が必要であった。そしてまた、ガイドの有用性をエジプト教育省や教育関係者にアピールし、広範な普及と活用を図ることも課題であった。新版ガイドの策定には、旧版ガイドのモデル授業プランを実際の学校で実践し、授業改善効果を検証するとともに、エジプトの教師が実践しやすい現実的な授業プランに改良する擦り合わせも不可欠であった。そこで発案されたのが日本式公開授業（以下、オープン・クラス：Open Class）であった。

　理科の第 1 回オープン・クラスは、2003 年 12 月にカイロ市バブ・シャリーヤ地区で小学 4 年「ものとその重さ」の授業を、第 2 回オープン・クラスは2004 年 3 月にカイロ市サイド・ゼイナブ地区で小学 4 年「ホニュウ類」の授業を公開した。いずれもエジプト教育省の小学校理科カウンセラーや地区インスペクターをはじめ、JICA、日本大使館はもちろん、EU、アメリカ、イギリス、フランス、カナダなどの主要教育ドナー関係者を招待して開催された。

　授業はエジプト人教師によって行われ、エジプトの日用品や著作権フリーの写真を活用した実験・観察が教室内で披露された。実験の結果が明らかになるたびに、児童だけでなく参観者の大人までが歓声を上げた。児童の活発な討論と実験・観察に集中する真剣で楽しそうな表情（図 2-1）から、「たのしい授業」の魅力と教育改善効果は参観者の誰の目にも明らかであった。

　第 1 回オープン・クラスの参観者による評価（Tanaka et al. 2005）では、「たのしい授業」戦略の効果について参観者 26 名中 25 名が明瞭であると回答した。また、教師への肯定的影響について 25 名が「あり」、児童への肯定的影響についても 24 名が「あり」と回答した。さらに、当時エジプト教育省が奨励していた校内研修制度（School Based Training Unit）を活発化させるとする回答が 23 名であった。

　第 2 回オープン・クラスでもほぼ同様の良好な効果が認められ（Tanaka et al. 2006a）、自由記述において「児童は研究活動 "do their research" によって結論を導き出し、教師とクラス全体に発表することができた」「この取り組みはよりいっそう児童の創造的学び "child created learning" を促すに違いない」「JICA 手法は批判的思考 "critical thinking" の初歩的導入にふさわしい」とのコメントも見られた。

図2-1　第1回理科オープン・クラスにおける授業風景

（5）　モデル校の巡回指導による理科教師とカウンターパートの訓練

　エジプトの小学校でのオープン・クラス実施にあたっては、授業プランの精選と授業実践を行う教師の訓練について周到な準備が必要であった。まず、後期プロ技では、カイロ市内の社会経済環境が異なる地区から4校の実験語学小学校（Experimental Language School）をモデル校に選定し、各校所属の理科、算数科の現職教員から数名をパイロット教師に指定した。各モデル校を週1回のペースで巡回しながら、理科と算数科の日本人とエジプト人研究員の混成チームがそれぞれ指導にあたった。

　巡回指導では教師用ガイドのモデル授業プランを読み込んでの実験訓練と模擬授業、担当クラスでの試行授業、授業記録ビデオを視聴しながらの反省会を繰り返した。およそ10カ月間に及ぶ巡回指導をとおして、ほぼすべての単元のモデル授業プランの実践試行と改訂を進め、オープン・クラスで公開授業を担当できるようパイロット教師の訓練に努めた。

　このような巡回指導によって、教壇に立つエジプトの小学校教師たちとの「たのしい授業」の試行授業を進めるなかで、教師用ガイドに記載されているモデル授業プランの現実性を高める貴重な情報がもたらされた。エジプトの児童や保護者の意識、同僚教師、校長、インスペクターとの人間関係など、教師の勤務環境と心理状態、教材を自前で調達できる経済状況など、授業を実施する側の事情まで詳細に把握できたからである。

　さらに、巡回指導は日本人専門家のカウンターパートである NCERD 研究員に対しても多大な訓練効果をもたらした。彼らは日本人専門家らが去った後、教師用ガイドの普及に携わる教員トレーナー人材であり、プロジェクト成果の持続性と発展性の確保に欠かせない最も重要な役回りにあった。

　NCERD 研究員たちは、当初は手間のかかる巡回指導に乗り気ではなく、「たのしい授業」の効果にも半信半疑と思われた。しかし、教員経験と研究歴をもつ彼らは、試行授業での児童の楽しそうな表情や授業への集中などの外見的授業改善効果のみならず、児童の誤答とその論理から多様な素朴概念を読み取り、討論と実験による科学概念への変容ぶりから、児童の豊かな発想力と思考の柔軟性など、子どもの潜在能力の高さに驚いていた。このような概念転換授業の観察における個々の児童の科学概念獲得過程をつぶさに読み取る経験をとおして、彼らは「たのしい授業」の学習効果を体験的に理解していった。エジプト教育省が声を大にして実施を呼びかけても見向きもされなかった実験・観察が、「たのしい授業」において、児童が最も期待する、わくわくする瞬間となり、授業の成立に欠かせない要素であることが証明された。

　同時に、NCERD 研究員たちは教員トレーナーとして、実験・観察の演示技術を身につけることの重要性も理解した。最初は何度も実験操作に失敗を繰り返していたパイロット教師たちが、反復訓練によって自信を深め、めきめき上達していく姿を観察するにつれて、「たのしい授業」による教員訓練の実践的な指導法も身につけていったように思われた。

　こうした濃密な巡回指導をとおして、筆者ら日本人専門家、NCERD 研究員、パイロット教師たちは、エジプトでの「たのしい授業」の効果と普及に確信を深めていった。

3.　発展途上国に固有の問題とその対策

（1）　苛烈な受験競争と教師の副業問題

　モデル校での巡回指導は、教員給与の低さからくる教師の副業問題の重大性に気づく契機ともなった。エジプトの国立学校教員の給与は国民1人当たりGDPの6割強にとどまり、政府は教師の副業を禁止してはいるものの、マグムーアと呼ばれる有料補習授業を公認していた（国際協力事業団 2000, 20）。エジプトの公務員制度は大量の雇用を確保する一方で、給与の低さから副業を招来し、特に自分の教え子の家庭教師で巨利を得る現職教師が新聞記事で槍玉に挙げられるなど、教師の社会的地位をおとしめる深刻な問題があった。これは苛烈な受験競争の反映とも言えた。

　教師の副業は「たのしい授業」の普及にとって深刻な障害となりうるものであった。巡回指導にあたったパイロット教師のうち数名は、モデル授業プランどおりに実践しなかった（田中・タフィーダ 2008）。直前練習では十分にできたにもかかわらず、いざ本番では発問の直後に実験結果を暗示する余計な説明を加えたり、授業開始前に児童が見ている教室内で同じ実験をやってみせたりするなど、信じがたいほど軽率な行動をとることがあった。筆者は当初その理由を単なる軽率さと誤解していたが、その背景には収入面で副業に頼らざるをえない教師たちの悩ましい生活事情があったものと思われる。

　受験競争に適応した教育が行われる教室では、児童は予習を怠らずに教師の質問に対して常に正答が期待される。それに反して「たのしい授業」で発せられる問題は、いっさいの予習を前提としておらず、むしろ実験結果と児童の予想が一致しないことで児童の素朴概念を暴き出し、児童自らが誤りを正して科学概念を獲得するように意図したものである。そのため「たのしい授業」ではすべての児童に誤答を期待する問題がしばしば出題される。心優しいパイロット教師の心理を推察するならば、ふだんから家庭教師で面倒をみている児童まで誤答させるのは何とも忍びなく、また、もし誤答して落胆した児童が保護者に言いつけでもすれば、自分は家庭教師の座を追われかねないと考えたようで

あった。

　このような経済的理由と絡んだ強い心理的葛藤を乗り越えるには大きな勇気が必要と思われたが、それに成功したパイロット教師は7名中5名にとどまった。よくよく考えてみれば、いまだ経験のない、効果も不明、複雑で時間と手間を要する実験・観察を多数要求され、しかも副業に悪影響を与えるかもしれない授業に、彼らが戸惑ったのも当然と言えた。

（2）　児童も教師も楽しめる授業の普及方法とその効果

　「たのしい授業」では、授業を受ける児童のみならず、授業を行う教師自身も楽しめる点が最も優れている。そこで、ビデオカメラで撮影したパイロット教師たちの授業映像を互いに比較させ、巡回指導に生かしたところ、大きな効果をもたらした。とりわけ概念転換に成功した「たのしい授業」の映像から、堂々と自説を主張する児童の姿や、激論の末に実験結果を見た瞬間、「あー、やっぱり」「わー、残念」といった児童の歓声や驚嘆の声、感動的な深い学びを印象づける豊かな表情（図2-1）を読み取ることができた。児童が討論に熱中して実験結果に一喜一憂する姿は、概念を転換させる授業に成功した証しであり、理科教師として無上の喜びを感じさせる魅力があった。これらの「たのしい授業」の映像はパイロット教師たちの「魂」に訴えかけ、彼らの意欲を奮い立たせたように思われた。

　巡回指導を続けるうちに児童の側にも大きな指導効果が表れた。「たのしい授業」の成功例が重なるにつれて、これまでめったに発言しなかった引っ込み思案の児童や腕白な児童までが活発に討論に参加するようになり、授業を妨げる私語や居眠りなどは完全に影を潜めた。児童は教師だけでなく他の児童の発言に耳を傾け、討論では自らの役割を認識しながら慎重に発言するようになり、教師に対しても児童間でも互いに尊敬と信頼の念が深まっていったように思われた。

　このような児童の意欲や態度の変化は他教科の授業にも波及し、同僚教師、校長、インスペクター、さらには児童の保護者からも授業改善効果が高く評価されるようになった。また、モデル校配属の2名の理科インスペクターが筆者

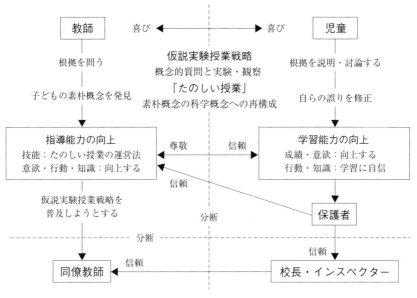

図2-2 エジプトでの理科の教育改善の波及効果

らの巡回指導に途中から合流するようになり、彼らは他校にモデル授業プランを持ち込んで指導し始めるなど、当初は予想しなかった教育改善の波及効果がみられた（図2-2）。

4. 教育実践研究での国際協働とその成果

（1） エジプト人研究員との国際共同研究とその成果

　筆者ら日本人専門家のカウンターパートであった NCERD 研究員は、みな教員経験をもつ研究者ばかりで、若手の准研究員は教育省から下命される調査や研修会講師などの日常業務をこなしながら、博士号を取得して正研究員への昇格を目指し、活発な個人研究を続けていた。そこにあって JICA プロジェク

トはいわば無給の付加業務であり、協力する研究員は当初は多くなかった。唯一、年間に数名のカウンターパートには日本での2カ月間の国別特設枠での研修機会が与えられたが、帰国後に景気のよい湾岸アラブ諸国に出稼ぎに行く研究員もいた。

　しかし、日本での研修やプロジェクト業務を通じて日本の文化や教育への関心を深め、JICAへの協力を惜しまない研究員たちが増えていった。彼らはエジプトでの小学校視察、教師へのインタビューや質問紙調査、モデル校の巡回指導では通訳やアドバイザーとして大活躍するなど、彼らがプロジェクトに果たした役割は大きい。前期ミニプロでのエジプト児童への質問紙調査研究では、数名の研究員がカイロ市内の小学校に直接赴き、調査紙の配布から記入指導と回収までを監督し、筆者らと共同で集計と分析にあたった。その結果、エジプトの児童は日本の児童と共通する素朴概念をもつことが明らかとなり、エジプトの小学校での仮説実験授業の応用可能性を確認できた。これはエジプト側と日本側による最初の共同研究の成果であった。

　また、NCERD研究員と日本人専門家との国際共同研究の成果としては、後期プロ技で実施した2回のオープン・クラスの授業記録と参観者の評価を取りまとめ、本学紀要に英文共著論文2編（Tanaka et al. 2005; 2006a）として発表した。さらに、後期プロ技終了後に若手NCERD研究員1名が日本学術振興会の外国人特別研究員として本学に1年間滞在し、PPMU研修（次項参照）の受講生に対する長期追跡調査の成果を取りまとめ、英文単著の学術書籍として刊行された（Tafida 2016）。

（2）　他の国際教育協力機関との協働とその成果

　パイロット校での巡回指導で「たのしい授業」の成果が始めたころ、国際プロジェクト統括機構（PPMU：Project Planning and Management Unit）の運営担当者から、JICAの教師用ガイドを活用した現職教員研修を実施しないかとの打診があった。PPMUはEUと世界銀行の資金の計画・管理機関で、JICAにとってライバル機関ではあった。しかし、互いに同じ目的をもつ教育ドナーであったため、JICA側が講師を派遣し、PPMU側が受講生の宿泊・交

通費、教材費（5 USD ／人）を支出する分担協力案がまとまって、「PPMU-JICA 理数科現職教員研修」（以下、PPMU 研修）が企画された。

　この研修では 2003 年、2004 年の夏休み中に 5 日間の研修として合計 4 コースが、エジプト全土の小学校教師延べ 107 名を招集して、カイロ市内近郊の教員研修所で実施された。研修の前半 3 日間は筆者が担当し、「たのしい授業」の目的、原理、授業運営法の講義、モデル授業プランによる実験・観察を交えた模擬授業、供与教材を使った実験器具工作の演習を、後半 2 日間は NCERD 研究員が担当し、ブレイン・ストーム、ロールプレイ、共同学習と討論指導、学習サイクル、自己決定、評価法などの「たのしい授業」に生かせる多様な指導・評価法についての講義と演習を行った。

（3）　エジプトでの学会活動と国際共同研究の成果

　筆者は前期ミニプロ開始直後からエジプト科学教育学会（以下、ESSE：The Egyptian Society for Science Education）に入会し、3 件の研究発表と 1 件の招待講演を行ってきた。エジプトでの学会活動によって、現地事情に詳しい研究者からの最新情報、助言、批判を受けられただけでなく、NCERD 以外のエジプトの大学研究者との幅広い人脈も形成された。その人脈を生かした成果として、エジプトの環境問題の現状と環境教育に関する国家方針やカリキュラム策定の動向についての研究成果を取りまとめ、本学の紀要（田中・生方 2000）に発表した。

　最初の ESSE 年会での発表は、日本の理科教員養成システムと直近の改革動向の報告であった（Tanaka 1998）。2 回目の年会発表は、前期ミニプロで策定した理科教師用ガイドブックを用いた PPMU 研修の成果についての報告で、エジプトの小学校理科教師の概念転換授業に対する意欲が研修によって向上したことを質問紙調査で明らかにした実践研究であった。筆者と NCERD 研究員との共同研究として発表し（Tanaka and Tafida 2006b）、2006 年度年会最高研究賞を受賞した。3 回目の年会発表は、後期プロ技におけるモデル校巡回指導でのパイロット教師による概念転換授業の受け入れ過程とその困難性に関わる要因についての事例研究として発表した（Tanaka 2011）。合わせて

2011 年東日本大震災にともなう福島第一原発炉心融解の現状報告とこの事件が日本と世界の科学技術と科学教育に与える影響について招待講演を行った。

（4） エジプトにおける国際教育協力の制度的・学術的成果

　これらのエジプトと日本の国際共同研究の進展は、必然的に研究フィールド、研究内容、研究組織と指導体制の国際化を促すこととなった。現在も本学の国際交流・協力センター職員や教員として JICA スタッフを受け入れる交流人事制度が継続している。これは本来的に教育・研究機関である大学が国際協力に直接コミットした場合にみられる固有の現象として明記されるであろう。

　また、本学によるエジプトでの国際教育協力プロジェクトの学術的、教育実践的な成果を簡潔に総括するならば、途上国支援 ODA における EFA を目指した教育の量的拡大が教育の質的低下を招くという二律背反の問題解決にあたって、仮説実験授業戦略に基づく「たのしい授業」によって教育の量と質の同時追求の道を切り開いたことが最大の成果であろう。

　さらに、従来の ODA プロジェクトでは外部資金の持続的投入を要するケースが多いなかで、途上国への「たのしい授業」の導入は、教育官僚、研究者、教員、子ども、保護者などの教育に関わる広範な人的資本の潜在的能力や可能性を引き出し、内発的・自律的・持続的発展を促す取り組みとして、国際教育協力の戦略に一石を投じたものと言え、支援される側のオーナーシップ強化とも合致するものであろう。

5. 国際教育協力の経験を大学教育に生かす取り組み

（1） 国境を越える国際教育協力プログラムの開発

　本学函館校では 2014 年に国際地域学科を開設して以来、地域協働専攻では「海外スタディーツアー」「国際インターンシップ」などの海外体験型授業が開講された。しかし、筆者が所属する地域教育専攻では、私費留学や海外研修を除き、海外体験型科目が当初は開講されず、本学の国際教育協力の成果と経験

を教育に生かす機会がなかった。そこで、2018 年から函館校国際地域学科の
コア科目「地域プロジェクト」の１クラスとして、ミャンマー連邦共和国（以
下、ミャンマー）での国際教育協力視察研修プログラム（表2-1）を新設し、
実践を試みた。

　ミャンマー政府は 2011 年軍事独裁体制から民政移管後も、ロヒンギャ問題
で欧米からの国際援助が滞るなかで、長年協力関係を継続してきた日本政府に
戦略的教育改革への支援を要請した。これを受けて JICA は 2014 年から欧州
の国際協力機関に呼びかけて共同教育調査に着手し、2017 年から５年間の「初
等教育カリキュラム改訂プロジェクト（以下、初等教育プロジェクト）」を開
始し、新版教科書の作成と現職教員研修プログラムの開発に鋭意取り組んでい
るところである。現在のミャンマーの義務教育課程は小学校５年間のみであり、
従来の４教科（国語、社会、算数、英語）に加え、理科の復活、音楽・図工・
体育・道徳を合わせた総合科の新設、進級テストの廃止と同時に入学前１年間

表2-1　ミャンマー国際教育協力視察研修プログラムの内容

日程	訪問先と在所	研修内容	面会者（役職）
10 月 31 日	JICA ミャンマー事務所： ヤンゴン市チャウタダ郡区	講義：日本の ODA とミャンマー国 　ODA 案件と教育協力プロジェクト	中島洸潤（所員）： 　JICA 事務所所属
	JICA 初等教育改訂プロジェ クト事務所： ヤンゴン市ヤンキン郡区	講義：初等教育カリキュラム改訂 　プロジェクト 視察：新版教科書編纂作業	相馬敬（理科専門家）、 今堀勇（算数科専門家）： 　JICA プロジェクト所属
11 月 1 日	Great Light High School： ヤンゴン市ターマイン郡区	幼・小・中・高一貫私立学校視察： 　授業視察、児童・生徒・教員と 　の交流、意見交換	Mrs. Su Suh Twe（校長） Mr.Toe Wl Win（副校長）
11 月 2 日	シュエダゴン・パゴダ： ヤンゴン市バハン郡区	世界遺産視察： 　大乗仏教文化と中世・近代史	Ms.Khin Than Win（職員）： 　ミャンマー教育省所属
	アウン・サン博物館： ヤンゴン市バハン郡区	国父記念館視察： 　ミャンマー独立と近現代史	
	国立ミャンマー博物館： ヤンゴン市ダゴン郡区	博物館視察： 　自然・文化・民族・産業史	
11 月 3 日	H.I.S. ヤンゴン支店： ヤンゴン市バハン郡区	日系企業視察： 　平和産業としての観光業、企業 　による途上国支援活動と国際貢 　献、海外勤務体験と働きがい	白川一城（支店長） 古井陽子（主任）
費用	旅費・宿泊費・旅行保険料：個人負担額は約 120,000 円／人、大学補助は 20,000 円／人		

の幼児教育の導入も進めており、今後は12年制基礎教育への移行を目指している。

　JICAにとって、このような一国全体の初等教育改革を支援した経験は過去に例がなく、ミャンマーでの初等教育プロジェクトは日本にとってきわめて責任が重い事業であると同時に、ミャンマーは魅力的な国際教育研究のフィールドとして、日本のみならず世界の開発教育研究者からも注目されている。

（2）　ミャンマーでの国際教育協力視察研修による成果

　2018年の視察研修には9名の学生と2名の教員が参加した。算数科分野の日本人専門家とミャンマー教育省の教科書編纂スタッフによる次年度教科書草案の策定作業現場を見学でき（図2-3）、完成版のカラー教科書見本を見ることもできた。

　さらに、ヤンゴン市内の幼・小・中・高の私立一貫校であるGreat Light High Schoolを見学した（図2-4）。この学校は裕福な家庭の子弟が通学する私学ではあるが、ミャンマーの学校での授業風景、子どもの意識、教員の勤務環境まで視察でき、児童生徒との交流機会も得られた。熱意あふれる教師と児童生徒の熱心な勉強ぶりが印象的で、進学をめぐる受験競争の激しさも垣間見ることができた。

図2-3　算数科教科書編纂作業の視察

図2-4 私立一貫高校の教室風景

　そのほか、ミャンマーの歴史や文化に触れる機会として、ミャンマー独立の父アン・サウン将軍記念博物館、ミャンマーの文化・産業・民族に関する資料を収蔵する国立博物館、さらにミャンマー最大の世界遺産である仏教寺院シュエダゴン・パゴダの見学を行った。

　視察研修直後の参加学生アンケート（4件法4点満点）と自由記述による回答結果（図2-5）から、全体評価はきわめて高い満足度（Q1：3.89点）を示した。特に見学視察先の評価が高く（Q4：3.67点）、自由記述では学校訪問が最も高く評価された。また、金品盗難や交通事故などのトラブル等もほとんどなく（Q7：3.67点）、途上国での防犯対策や安全衛生の事前研修が役立った（Q11：3.67点）。

　さらに、新しい人生経験として意義あるものであった（Q25：3.89点）との評価が特に高く、今後の進路決定に役立つ（Q26：3.11点）と肯定的に評価された。その理由としては、邦人企業の支店長による「平和産業としての観光業の意義と企業による国際貢献」についての講話や、途上国での勤務と生活、海外での働きがいなどについての社員との意見交換が有意義であったものと思われる。また、語学能力の向上にも肯定的（Q24：3.22点）であり、日本語が通じない現地での両替、買い物、ホテルのフロントでの対応、学校視察などで英語で話する機会が多かったためと思われる。

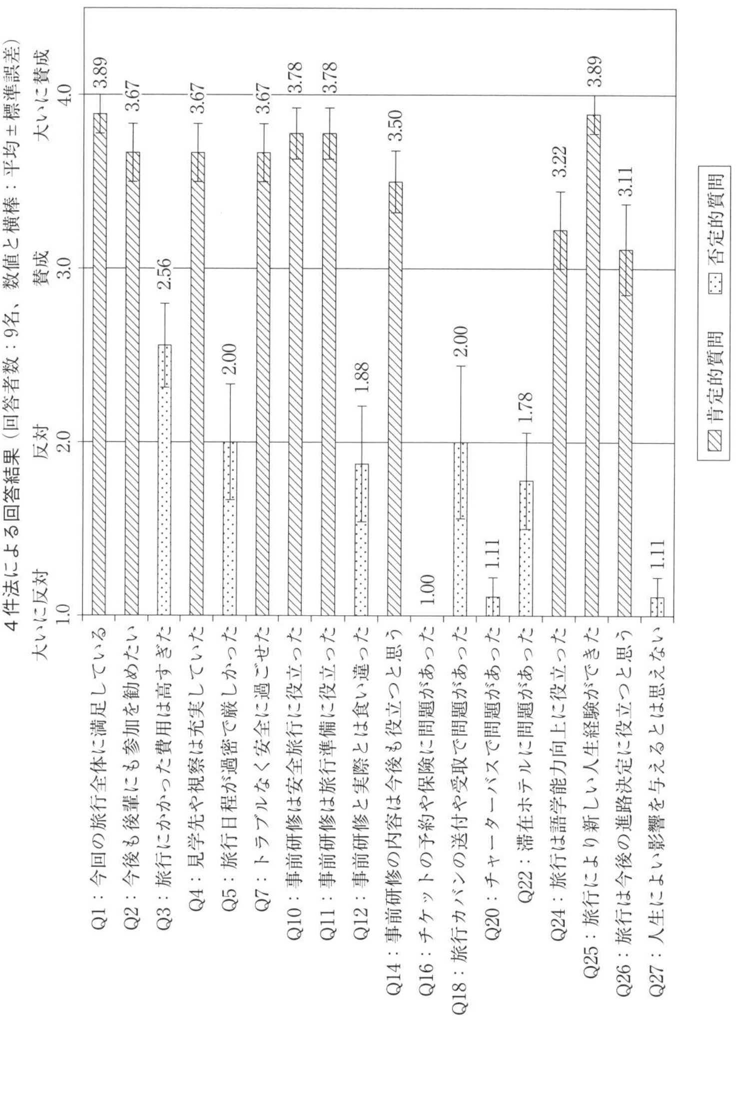

図2-5　ミャンマー国際教育協力視察研修の参加学生による事後評価

図中の質問には欠番がある。質問の欠番は、自由記述質問。

（3）　大学の国際化の原動力としての教員と国際人脈

　萱島信子（2019）は大学の国際化について、大学教員の国際協力への参加のような「国境を越える国際化」が、大学カリキュラムのオープン・アクセス化、外国人教員と海外留学生の受け入れ、課程外での国際イベントへの参画、国際的研究や共同研究などの「内なる国際化」をもたらし、大学の内なる国際化と国境を越えた国際化の双方は、相互に深く関係していると考察している。本学の国際化においてもそのような現象が起こりつつある。

　本学の教員の国際化について、函館校は国際地域学科として教員スタッフの国際化が教育学部内でおそらく最も進んでおり、2019年度では総勢72名の常勤教員のうち外国人教員が4名、海外勤務または留学経験のある日本人教員が15名（20.8%）おり、その中にはJICA職員、専門家、海外青年協力隊員としての国際協力の実務経験者が筆者をはじめ3名含まれている。

　本学の教育の国際化では、札幌、旭川、釧路キャンパスの教員養成課程では国際社会で活躍できる高い語学力と豊かな国際感覚を有する教員を育てる「グローバル教員養成プログラム」が導入されている。さらに、函館校では海外体験型授業として「地域プロジェクト」と「海外スタディーツアー」、海外活動型授業として「海外日本語教育インターンシップ」と「国際協働キャリア実習」、海外ボランティア活動をともなう「国際協力実習」など、学生が国境を越える授業が多数実践されている。

　これらの国際化教育プログラムの開発と実践の原動力となったのはまぎれもなく函館校の教員であり、本学の国際協力や前職での海外勤務をとおして獲得された広い国際人脈と情報が活用されていることは明らかである。筆者らによるミャンマー国際教育協力視察研修の開発でも、筆者の研究室出身の元留学生が、現在ミャンマー教育省の理科教育カリキュラム担当職員を務めており、彼女から研修視察先の選定や学校見学の許可申請、訪問先での通訳といった協力を得ている。

おわりに

　今、改めて問われるのは大学や地域の国際化の意義、「国境を越える」ことの意味であろう。地理的、歴史的に形成された国家体制の枠組みとしての国境は、人が国境を越えたときに初めて体感され、とりわけ長期の海外生活や勤務に際しては世界の言語・文化・社会経済環境の多様性と障壁の大きさを痛感させられる。こうした海外での語り尽くせない豊かなエピソードをともなう異文化体験は、他国民から見た日本や日本人像の理解をとおして、日本の国家や社会を相対化させ、自分の生まれ育った国や地域の固有性、特異性の理解を深化させる。このような精神的プロセスは日本人、地域人としての自我意識の形成を促し、精神的な国境を越えさせる。ミャンマー視察研修を終えた学生の「新しい人生経験として意味あるものであった」との言葉や感想は、そのような精神的国境を越えた体験を物語っているものと思われる。

　本学函館校の国際地域学科では、海外体験型授業などでの国境を越える経験をとおして、他国の国民や文化、歴史に関心をもち、海外に友人や人脈を獲得し、無知や偏見による差別や対立を免れ、より豊かな文化体験と外国語の習得を目指して将来の職業や進路を海外に求める卒業生も徐々にではあるが現れつつある。海外に進出した彼らパイオニアには、将来的に海外インターンシップの受け入れや訓練に関わって、本学の海外体験型授業の一翼を担う新たな役割を期待したいところである。

　さらに、海外体験を経てもなお、卒業後に日本国内にとどまる圧倒的多数の卒業生には、地域の国際化に欠かせない役割が期待できる。今後、急激な労働市場の対外開放と労働力の国際化が見込まれるなかで、途上国から来日した多様な言語、文化、習慣をもつ外国人労働者と日本人が協働しながら生活する場面が急増し、異文化との衝突問題や在来地域住民との軋轢の発生も予想される。そのような問題解決場面において、海外体験で精神的国境を越えた卒業生は、自ら異文化との衝突やつまずきを経験した者の一人として、外国人の共感的理解者となり、地域社会とのつなぎ役を務めてくれるに違いない。

　今後、函館校には道南・函館地域の教育・文化・社会システムの国際化への貢献がますます期待され、それに応えるための本学の課題は少なくない。例えば、現在の本学のグローバル教員養成プログラムでは言語習得が英語に偏っており、多文化共生社会にふさわしい多言語への対応が想定されていない。函館校でも外国人留学生のための日本語・日本文化の学習プログラムは用意されているが、海外や外国人に開かれた科目のオープン・アクセス化は未着手であり、英語による通常授業の開講はもちろん、日本人学生のための途上国をはじめとする多言語学習プログラムも未開設である。まずは、課外における地域在住の外国人と協働した多言語・多文化教育プログラムの開設も視野に入れながら、大学教育の国際化への新たな挑戦が求められる。

引用・参考文献

板倉聖宣（2011）『仮説実験授業のABC―たのしい授業への招待 第4版』、仮説社。

板倉聖宣・上廻昭・庄司和晃（1989）『仮説実験授業の誕生』仮説社、80-110ページ。

佐藤 有（1997）「エジプトアラブ共和国の教育：教育制度と大学前教育について」『年報いわみざわ：初等教育・教師教育研究』第18号、5ページ。

萱島信子（2018）「日本の国際教育協力の歴史的変遷と展望」『SRID Journal』第14号、4ページ。

萱島信子（2019）『大学の国際化とODA参加』玉川大学出版会、39-40ページ。

黒田一雄・横関祐見子（2005）『国際教育開発論』有斐閣、3ページ。

国際協力事業団（2000）「エジプト国小学校理数科授業改善基礎調査報告書」20ページ。

国際協力総合研修所（2007）「JICA理数科教育協力にかかわる事業経験体系化―その理念とアプローチ―」『国際協力研究』Vol.23、No.2、79-81ページ。

田中哲也（2007）「エジプトにおける学歴病と中等教育課程」『福岡県立大学人間社会学部紀要』Vol.16、No.2、53-67ページ。

田中邦明・ガーネム，タフィーダ（2008）「エジプトにおける理科教員研修とその評価（その3）：簡便な実験による概念転換授業戦略を導入した小学校科学教師の授業観察」『北海道教育大学教育実践総合センター紀要』第9号、119-126ページ。

田中邦明・生方秀紀（2000）「エジプトにおける環境問題の現状と環境教育の動向（2）エジプト小学校理科・生活科における環境教育」『北海道教育大学教育実践総合センター紀要』第1号、99-107ページ。

水野敬子（2008）「第3章 基礎教育に対する日本の援助政策の変遷」小川圭一・西村幹子編著

『途上国における基礎教育支援（上）』学文社、46-72 ページ。

渡辺利夫・三浦有史（2003）『ODA（政府開発援助）日本に何かできるか』中公新書 1727、3-26 ページ。

Tafida, Ghanem（2016）The Hypotheses and Experiments Lessons' Strategy（HELS）: Impacts on Primary Science Education, *LAMBERT Academic Publishing*.

Tanaka, Kuniaki（1998）"Basic Training System & Change of Curriculum in Japanese Teacher's College: A view point on Practical Training on Experiments for Science Education", *The 2nd Conference on Science Curricula for The Twenty Century A Future View*, Egyptian Society of Science Education, 1-9.

Tanaka, Kuniaki, Nakamura, K., Hashimoto, K., Mostafa, M. A., Aziz, A. A., Mohamoud, E. A. Lateef, T. A. A. E. and Ali, S. H.（2005）"Science Open Class in An Egyptian Primary School"『北海道教育大学附属教育実践総合センター紀要』第6号、17-28 ページ。

Tanaka, Kuniaki, Nakamura, K., Hashimoto, K., Hamed, E. A. E., Aziz, A. A., Salam, M. A., Tawfic, R. A. and Ali, S. H.（2006a）"The Second Science Open Class in An Egyptian Primary School"『北海道教育大学教育実践総合センター紀要』第7号、91-105 ページ。

Tanaka, Kuniaki and Tafida, Ghanem（2006b）"The Impact of the Hypotheses and Experiments Lessons' Strategy on the Motivation of Egyptian Primary Science Teachers I: A Questionnaire Survey on the Egyptian Science Teachers", *The 10th Conference on Science Curricula for The Twenty Century A Future View*, Egyptian Society of Science Education, 693-741.

Tanaka, Kuniaki（2011）"The hurdles of elementary science teachers in achieving the strategy for conceptual changes", *Fifteenth Conference Science Education: New Ideas for a New Era*, Egyptian Society of Science Education, 297-328.

Web サイト

世界銀行「2006 年のエジプトの識字率」、https://data.worldbank.org/indicator/SE.ADT. LITR.FE.ZS?locations=EG&view=chart、2019 年 8 月 19 日アクセス。

コラム1 音楽と国際交流

　留学するときには、何か特技があるとよいといわれる。一芸が身を助けるというか、現地の人々とのコミュニケーションのきっかけになるからである。学生時代、私もドイツ・ハイデルベルクに遊学中に、ピアノが弾けたおかげで、チリ人の声楽家志望の女子学生と語学学校でコンサートを開いたことがある。私はモーツァルトとシューマンのソナタを演奏し、一瞬有名になったりした。さすが音楽は万国共通だと、あっさり思ったものだ。これが私の国際交流の初体験だったかもしれないが、しかし、私の中にあるらしい万国共通の音楽とは何か、ということにはまるで意識がなかった。

　その後、縁あってここ函館で暮らすようになった。函館といえば北の開港地として早くから栄えた街である。元町には聖ヨハネ教会、カトリック教会、そしてハリストス正教会、少し離れて真宗大谷派東本願寺別院など、宗教が混在しているが、日本の洋楽受容史で重要とされるのが、ロシア・ハリストス正教会である。

　1873年に唱歌教師のヤコフ・チハイが来日して以来、初めて日本語による聖歌を歌ったのが正教会で、また四部合唱を初めて成功させたのも正教会だった。この正教会の功績は、日本の音楽界に大きな影響を与えた。そして、正教会の合唱に魅せられて、生涯にわたって、関西で合唱指揮者として活躍したのが加藤直四郎（1908-2009）である。彼は戦前、大阪夕陽丘高等女学校（現・大阪府立夕陽丘高等学校、以下、夕陽）で教鞭を執った。彼が夕陽の教員になったことで、「第1回女子中等学校合唱大会」で優勝するなど、夕陽を「音楽の学校」として有名にした。大阪府で1995年に初めて「音楽科」が夕陽に設置されたのも、加藤が築いた「音楽の学校」としての功績が大きかった。私は、その夕陽の音楽科に1期生として入学した。高校3年生のときに開かれた最初の定期演奏会では、加藤の指揮で、加藤の作曲した校歌を歌ったが、加藤のルーツである正教会から多くの音楽家が輩出され、日本の音楽レベルをいかに向上させたかについてはまるで知らなかった。

　ところで、音楽による国際交流でよく目にするのは、ヨーロッパの音楽ホールで日本人が歌う難しいバッハの合唱曲だったり、アジアの途上国で現地の人々が歌ってくれるのは〈ふるさと〉だったり、簡易楽器を寄付して、簡単に弾けるようにと日本人が指導するのは〈きらきら星〉だったりする。〈ふるさと〉は日本の歌だけど、西洋音楽のドレミでできた歌だ。日本人が音楽

で国際交流するといっても、そのときに演奏するのは西洋音楽か、あるいは西洋の音楽様式でつくられたもので、明治以前につくられた三味線音楽や、長唄や、雅楽であることはほとんどない。

最近の音楽教育では、さまざまな文化の音楽に触れて、その同質性（共通性）に注目して聴き取り、その音楽の仕組みをまねてつくってみるという活動が展開される。日本とはまったく違う土壌で継承されてきた音楽を何度も何度も聴いて、聴いて、そして好きに変化させたりして、つくってみるというものである。この話を逆にして、どこかの国の人が明治以前に起源がある「日本の音楽」を何度も聴いて、日本の文化や歴史を勉強して、日本風につくった音楽を和楽器によって披露してくれたとしても、それを素直に喜べない場面が出てきはしないだろうか。「日本の音楽」は現代の私たちにとっては、もう、どこか別の民族音楽と同じなのである。異文化交流とか音楽による国際交流は、その晴れやかな場面に、日本人と音楽との関係についての、ちょっと悲しい歴史が影を落とすのである。その影が意味するところは、異文化交流とか音楽による国際交流とかという晴れがましい言葉で捨象されている植民地支配にみられるような文化支配、文化侵略なのかもしれない、とも思うのである。

その一方で、北の開港地函館から流入したハリストス正教会の合唱は文化侵略だったのか、と問うとそうとも答えられない。暴力的に押しつけられたわけでもなく、日本人が喜んで受け入れたと思われる。

函館の地で、この悩ましい問題を考え続けるしかないのかもしれない。

（長尾　智絵）

コラム2 「ギョエテとは俺のことかとゲーテいい[1]」

　日本政府が韓国向け輸出管理の強化に踏み切ったことに、韓国が「経済報復だ」と強く反発して、日韓間に強い軋轢が生じた2019年秋、日本の代表的な航空会社の韓国行き便を利用して羽田から金浦へ向かったときのことである。

　日韓関係は最悪、韓国人の訪日客数は激減、とニュースでは言っていたが、機内はほぼ満席。韓国大手航空会社との国際線コードシェア便だったからか、韓国人の姿も目立つ。そろそろ韓国の東海岸が見えるころかなと思って、いまどこを飛んでいるのか確かめようと前の座席の背部にあるモニターを操作して日本語版フライト地図を開いてみた。

　鬱陵島と思しき島が現れたが、「ウラウンジュド」という見慣れぬカタカナが書いてある。これは何だろう。韓国本土領空に入っても「ウイセオン」「カンヌーアン」「セオサン」「ギオンギマン」など奇妙なカタカナ表記が次々に登場する。近くに慶州、ソウル、水原などの漢字地名が見えるから、たぶんローマ字表記の地名から起こしたものではないかと見当をつけ、「（慶尚北道）義城」「江陵」「瑞山」「京畿湾」であろうと判断した。ほかにも江華島であるべき場所に「カウワド」とある。

　手元にある資料（一般財団法人成田国際空港振興協会「ナリタ・エアポートニュース」2003年4月号）によれば、「旅客機の機内は、その機体が登録されている国の法制のもと」にあり、「A国の航空会社の機材で運行される共同運航便の場合では、A国の管轄権」になるという。別に法律に違反しているわけではないし、目くじらを立てるようなことではないのかもしれないけれども、日本の航空会社にしては管理がお粗末で、恥ずかしいことではないか。地図はおそらく外注なのであろうが、正確さを欠いた情報を伝達するのは信頼性を喪失させる行為だ。そう思って、余計なお世話ながら、客室乗務員に一言注意しておいた。

　以上のようなおかしな間違いが起きる原因は、近年、韓国の人名や地名を韓国式の漢字音で読み下すことが日本で当然視されるようになっているからだと言える。漢字がわからなくてもカタカナで書けばよい、という安易な考えも広がっているのかもしれない。

　しかし、カタカナで書いたりカタカナで読まれたりしても、すぐに理解できる人は日本ではまだ少ないのではないか。「ソウル」のように漢字がなくて

ソウルと読むしかないものや、「仁川（じんせん）」のように「インチョン」という発音が人口に膾炙している例を別にすれば、「板門店」は、「パンムンジョム」よりも「はんもんてん」と発音してもらうほうになじみがある。表記もカタカナよりは漢字の方が一目でわかるし短くて済む。先に示した例でも、「義城（ぎじょう）」「江陵（こうりょう）」「瑞山（ずいさん）」「京畿湾（けいきわん）」は、漢字表記で、日本語の音読みとするほうが筆者にとってはわかりやすいし、響きもよい。これを韓国語の発音に似せてカタカナで書けば「ウィソン」「カンヌン」「ソサン」「キョンギマン」となるが、そのまま読んで現地で通じるかと言えば通じない。それだったら、日本の音読みでよいではないか、と思う。

　人名については、新聞では、漢字で表記した韓国人の名前について、文在寅（ムン・ジェイン）や金正恩（キム・ジョンウン）などと現地漢字音の発音に準じたカタカナを付記しているが、これは1984年9月に韓国の国家元首として全斗煥大統領が初めて来日したのが重要な契機となった。今や、K-popや韓流ドラマの分野では、アイドルやタレントの名を、韓国語の発音に近いカタカナ表記だけで表記するのが主流になっている。おかげで、筆者なぞには、誰が誰やら区別できない。漢字があるなら漢字で書いてもらったほうがよほど認識しやすい。

　韓国では漢字がほとんど使われなくなってきている。しかし、語彙の中に漢字語が占めている割合は、日本語のそれを上回る。韓国の地名、人名は、ほとんどが漢字に対応しているのに、漢字表記はほとんど消えてしまったのだ。それを日本ではいったい、どのように表記し、発音すべきなのか。基準は揺れているのではないだろうか。

　それにしても、「ウラウンジュド」とはどこから出てきた言葉なのだろう。「鬱陵島（うつりょうとう）」は「ウッルンド」なのである。

注
1)　外国語の日本語表記が難しいということで、よく引き合いに出される川柳。一般には、明治初期の小説家、斉藤緑雨の作とされるが、出典は不明。ドイツの文豪Goetheの発音をカタカナで表記すると何十とおりもあるため、当の本人が見てもわからないというおかしみがある。

（山岡　邦彦）

第 2 部

国際地域研究　各論

【北海道の課題】

第3章
北海道における木質バイオマスの可能性と課題

淺木　洋祐

は じ め に

　再生可能エネルギーは、地球温暖化対策を中心に、地域経済の活性化や、自律分散型エネルギーシステムの確立といった多様な意義が期待されており、世界的にその導入が進められている。日本においても2012年の再生可能エネルギーの固定価格買い取り制度（Feed-in Tariff：FIT）の実施以降、その導入が急増した。

　本章で取り上げる木質バイオマスは、他の再生可能エネルギーにはない独自のメリットを備えている。例えば、天候の影響を受ける太陽光や風力とは違って、燃料さえあれば発電出力や発電量がコントロールできるほか、新たな需要の創出による林業の活性化など広い裾野も持っているという点である。しかしながら、木質バイオマスには、燃料として利用する際に、用途間の競合の問題や水分の問題など、さまざまな課題が存在する。

　本章では、木質バイオマスのエネルギー利用における特性を検討したうえで、日本のFIT制度における木質バイオマスの位置づけを考察する。これらを踏まえて、北海道における木質バイオマス発電の現状およびその可能性と課題を検証する。本章では、発電および熱利用のケースとして、苫小牧バイオマ

ス発電株式会社と株式会社北海道熱供給公社を取り上げる。北海道は再生可能エネルギーの賦存量が大きく、その導入を推進することは、今後の北海道の地域活性化に向けた有望な方向性の一つといってよい。

1. 木質バイオマス

「バイオマス」とは、生物資源（bio）の量（mass）を表す言葉であり、「再生可能な、生物由来の有機性資源（化石燃料は除く）」を指す。そのなかで、木材からなるバイオマスのことを「木質バイオマス」と呼ぶのである[1]。

われわれが使用してきたエネルギーのなかで、木質バイオマスの歴史は長い。産業革命期に薪や木炭といった木質バイオマスの不足からエネルギーの主力が石炭に移行したときまで、ほとんど唯一の燃料であったといってよい。その後、20世紀に入ると、石炭から石油、天然ガスへと移行していき、さらに木質バイオマスのエネルギー利用は減少していった。

しかしながら、20世紀の終わりごろから、木質バイオマスが再び注目され始めた。その要因としては、①化石燃料価格の上昇、②バイオマスを熱や電気に変換する技術の向上、③林業・林産業の近代化による木材のカスケード利用[2]の拡大と木質燃料コストの低下、④再生可能エネルギーへの政策支援の4点が指摘できる（熊崎 2016：4-5）。本章で取り上げる FIT は、温暖化対策として注目される再生可能エネルギーへの政策支援として代表的なものの一つであり、各国で検討、実施され、再生可能エネルギーの導入に実績を上げている。

（1）木質バイオマスのメリット

木質バイオマスをエネルギーとして利用するメリットは多岐にわたるが、大きく①環境効果、②経済効果、③エネルギーの安全保障の3点にまとめることができる。

（ア）環境効果

周知のように植物は、光合成によって大気中の二酸化炭素（CO_2）を吸収し

ながら成長する。樹木を伐採してエネルギーとして利用するために燃焼させた場合、CO_2 は大気中に排出される。しかし、伐採後に植林すれば、放出された CO_2 は樹木の成長の過程で再度吸収される。いわゆるカーボンニュートラル（炭素中立）であり、地球温暖化防止に有効である[3]。

　また、製材工場の残材や、廃木材などを利用することによって、廃棄物の削減に貢献できる。すなわち、木質バイオマスの利用の促進は、低炭素・循環型社会の形成を推進する。さらに、森林に放置された間伐材などの未利用木材を利用することは、森林の整備につながる。森林は多面的な機能を備えており、林野庁はその機能を以下の8点にまとめている[4]。すなわち、①生物多様性保全、②地球環境保全、③土砂災害防止機能や土壌保全機能、④水源涵養機能、⑤保健・レクリエーション機能、⑥快適環境形成機能、⑦文化機能、⑧物的生産機能の提供である。

（イ）　経済効果

　木質バイオマスの利用を促進することで、林業や地域経済の活性化が期待できる。木質バイオマスエネルギーの利用拡大は、それまで利用されなかった低質な丸太などに対する新たな需要を林業に発生させる。また、地域の木質バイオマスを収集して利用する場合は、山村地域を中心に新たな産業や雇用の創出が期待できる。

　さらに、エネルギーの多くを輸入した化石燃料に依存する日本にとって、国産の木質バイオマスの利用は、海外に流出していた資金が国内・地域内で循環することになり、それだけ経済効果が期待できる。同じ再生可能エネルギーである風力や太陽光と比較して、木質バイオマスのエネルギー利用は、燃料として木質バイオマスが継続的に必要となることなどから、地域経済への効果がより大きいと考えられる。

（ウ）　エネルギー安全保障

　国内の木質バイオマスは貴重な国産エネルギーであり、その利用促進はエネルギー自給率の向上に貢献する。日本のエネルギーは海外から輸入される化石燃料にその多くを依存しており、2017年の自給率は約9.5パーセント（％）にすぎない。木質バイオマスの利用推進は、エネルギー源の多様化をもたらし、

リスク分散につながる。木質バイオマスをはじめとする再生可能エネルギー
は、本質的に分散型のエネルギーシステムであり、それを推進することで災害
などの非常時にもエネルギーの安定供給を確保することなども期待できる。

（2） 木質バイオマスの課題

　木質バイオマスのエネルギー利用には課題もある。①用途間の競合、②収
集・運搬・貯留の問題、③燃料として使用するときの問題の3つにまとめるこ
とができる。

（ア） 木質バイオマスの用途間の競合

　木質バイオマスは、建築材や家具に用いられるものから、各種の構造用材、
紙パルプやボードに用いられる低質材、発電や熱利用の燃料まで、いわば付
加価値の高いものから低いものまで、その用途は多彩である。木質バイオマス
の利用に際しては、付加価値が高いものから優先的に利用する、いわゆるカス
ケード利用が最も資源効率的であり、森林整備や林業振興の観点から好ましい
とされる。しかしながら、FIT によって木質バイオマスのエネルギー利用を
推進する場合、こうした用途間での利用の競合が起きる危険性がある。

（イ） 収集・運搬・貯留の問題

　木質バイオマスは、その収集・運搬・貯留に課題が存在する。特定の場所に
大量に埋蔵されている化石燃料と異なって、木質バイオマスは地表に広く薄く
存在している。そのため、大規模に収集しようとすれば、化石燃料などと比較
してコストが高くなる。また、木質バイオマスはカサ比重が大きいため、その
運搬・貯留にもコストを要する。

（ウ） 燃料として使用するときの問題

　木質バイオマスを燃料として利用する際に、いくつかの問題点がある。第1
に水分の問題である。木質バイオマスは、水分の量が発熱量と燃焼性に影響す
るため、その管理が必要となる。第2に灰の問題である。木質バイオマスを燃
焼させた場合、必ず灰が発生するが、これらには自然由来の六価クロムやカド
ミウムなどの重金属が含まれており、産業廃棄物などとして処理する必要があ
る。第3に効率の問題である。木質バイオマス発電のエネルギー変換効率は一

般的な蒸気タービンを利用した場合で20％程度であり、高くても30％程度とされる。これは、石炭や天然ガスによる商業火力発電所と比較して低い[5]。発電の規模を拡大すれば効率は上昇するが、そのぶん、必要となる燃料の量が増大するというトレードオフが生じる。

　その一方で、木質バイオマスは熱電併給（Combined Heat and Power：CHP）か、熱利用が最も望ましいエネルギー利用とされている。CHPであれば小規模でもエネルギーの変換効率は高く、約80％とされる。しかし、日本のFITは発電のみを対象としており、熱利用は対象外である。ドイツやオーストリアでは、FITにおいて熱供給も位置づけられており、CHPが推進されている。

　また、木質バイオマス発電は、風力や太陽光と比較して、コストの大幅な削減が期待できないとされている。木質バイオマス発電に用いられる蒸気ボイラーは長い歴史があり、信頼性が高く、優れた技術としてすでに確立しているといってよく、そうであるがゆえに今後の大幅なコスト削減は期待できないのである。

（3）　日本の森林資源

　世界的にみても日本の森林資源は豊富であり、2015年時点でのOECD（Organization for Economic Co-operation and Development：経済開発協力機構）加盟国34カ国中、日本の森林被覆率はフィンランドに次いで第2位である（表3-1参照）。しかしながら、林業は停滞しており、森林資源の活用量は少ない。ドイツやオーストリアといった木材利用の先進国と比較して、日本の林業は機械化や林道の整備が遅れている。林業が停滞しているため、間伐などの森林整備が十分に行われず、森林が荒廃していくという状況にある。すでに述べたように、森林バイオマスのエネルギー利用の推進には、林業の活性化と森林整備が期待できる。以下ではFITによる木質バイオマス発電の位置づけと、推進状況を概観する。

表 3-1 OECD 加盟国の森林被覆率（2015 年）

国名	森林率（%）	森林面積（1000ha）
フィンランド	73.1	22,218
日本	68.5	24,958
スウェーデン	68.4	28,073
韓国	63.7	6,184
スロベニア	62.0	1,248
エストニア	52.7	2,232
オーストリア	46.9	3,869
スロバキア	40.3	1,940
ノルウェー	39.8	12,112
ニュージーランド	38.6	10,152

出所：林野庁（2019）、3 ページより転載。

2. 固定価格買い取り制度

　2012 年に実施された FIT によって、太陽光をはじめとした再生可能エネルギーの導入が急増した。再生可能エネルギーは、既存の火力発電や水力発電などと比較して、発電コストが高いため、そのままでは市場競争力はなく、積極的な導入は期待できない。FIT とは、再生可能エネルギーを一定の価格で、長期的に買い取る制度である。FIT の実施によって、再生可能エネルギー事業の採算性を確保して、導入を推進しようとするのである。また、FIT による積極的な導入によって、再生可能エネルギーのコストの引き下げが期待される。ただし、FIT による買い取り価格と売電価格の差は、電気料金に上乗せされることで国民の負担に転嫁される。

　国レベルで FIT を導入したのは、1991 年に制定されたドイツの「電力供給法」が最初だとされる。ドイツでは 2000 年に再生可能エネルギー法が施行され、その後、数度の改正を経ながら、再生可能エネルギーの導入を推進している。

　日本では、FIT 以前に、2002 年 6 月に公布された「電気事業者による新エ

ネルギー等の利用に関する特別措置法」によって、RPS 制度（Renewables Portfolio Standard）が実施されていた。RPS 制度とは、電力会社に一定割合で再生可能エネルギーの導入を義務づける制度であり、再生可能エネルギーの普及を推進するものであった。しかしながら、設定された目標が小さいといった問題点が指摘されていた。同法は、2012 年 7 月の「電気事業者による再生可能エネルギー電気の調達に関する特別措置法」（FIT 法）の施行にともなって廃止された。

　FIT によって、日本でも再生可能エネルギーが急速に導入される一方で、課題も生じている。日本の FIT は、太陽光発電に偏って導入されていることや、再生可能エネルギーの発電設備と電力需要とのミスマッチ問題などである。

（1）　FIT における木質バイオマス

　FIT における木質バイオマス発電の 2019 年度買い取り価格は、表 3-2 のとおりである。木質バイオマスにおける日本の FIT の特徴は、ドイツなどと比較して、以下の 3 点が指摘できる（熊﨑 2016：31-43）。

　第 1 に、2015 年まで出力規模による買い取りの差別化はなく、使用する燃料によって区切られていた。出力規模を細かく分けたドイツなどと比較すれば、事実上、大規模化を推進していたといえる。第 2 に、「間伐材等由来の木質バイオマス（未利用木材）」を利用した電気を通常より大幅に高く買い取ることである。すなわち、林業不振によって大量に発生する未利用木材を利用することで、

表 3-2　固定買取制度における木質バイオマス発電

	間伐材等由来の木質バイオマス		一般木質バイオマス		建設資材廃棄物
	2000kW 以上	2000kW 未満	10000kW 以上	10000kW 未満	
2019 年度	32 円 + 税	40 円 + 税	入札制度により決定	24 円 + 税	13 円 + 税

※調達期間は、いずれも 20 年間。
出所：資源エネルギー庁 HP より作成。

森林整備も同時に進めていこうとしたのである。第3に、熱供給は考慮されていないことである。すでに述べたように、ドイツ、オーストリアでは、FIT において熱供給が位置づけられている[6]。

（2） FIT による木質バイオマス発電の導入

　未利用木材を利用した木質バイオマス発電の導入件数は、2019 年 3 月末時点で 70 件（新規認定分 63 件、移行認定分 7 件）あり、出力は合計約 386 メガワット（MW）である（図 3-1 参照）。間伐材・林地残材等由来の木材チップは、FIT 開始以前の 2011 年の 57 万 9 千立方メートル（㎥）から、2018 年には 603 万 9 千㎥に急増した。しかしながら、未利用木材の定義などの FIT の制度上の問題によって、一部の建築用材や製紙用材などが発電用燃料として出荷されるなどして、他の用途との競合問題が起きているとされる[7]。しかし、間伐材・林地残材等の未利用材の利用率は、2016 年度では 19％であり、今後のエネルギー利用拡大が目指されている（林野庁 2019:207-208）。FIT によって林業が活性化していけば、未利用木材の活用が拡大していく可能性が期待できる。

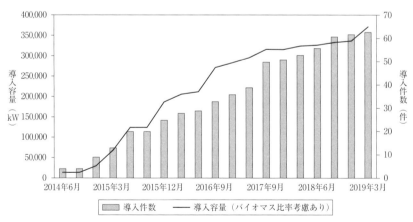

図 3-1　未利用木材による発電の推移
出所：資源エネルギー庁 HP より作成。

3.　北海道における木質バイオマス

（1）　北海道における木質バイオマス発電の現状

　北海道は再生可能エネルギーの賦存量が大きいとされており、その積極的な導入は、北海道の持続可能性を高めると期待できる。北海道は森林資源も豊富で、森林面積は約554万ヘクタール（ha）あり、これは日本の全森林面積の約22％を占めている。また、素材生産量も全国の約2割を占めている。表3-3に見るように、未利用木材を利用した発電では日本で最大の導入量である。

　2019年3月時点で、未利用木材を利用して実際に稼働している発電所は、表3-4のとおりである。今後、稼働が計画されている発電所としては、例えば、2,000キロワット（kW）未満のものが、北斗市などで計画されている。また、PKS（Palm Kernel Shell：パームヤシ殻）や木質チップなどの輸入バイオマスを主な燃料とした5万kW以上の大規模なものが石狩市や室蘭市などで計画されている。

　北海道内でも、丸太価格の上昇がみられるなど、用途間の競合が起きている可能性が指摘されている。また、ヒアリングにおいても、既存の発電所で未利用木材の収集に苦慮しているとの話が聞かれた。現状においては、北海道内での未利用木材を活用した発電が、今後大きく増えることは難しいと推測できる。もっとも、実際の森林資源そのものは豊富であるため、国産材の利用の増加による林業の活性化が進展すれば、燃料としての木質バイオマスの供給が拡大する可能性があるといえる。

　以下では、苫小牧バイオマス発電株式会社と株式会社北海道熱供給公社を取り上げる。前者は、FITの認定を受けた未利用木材専焼の発電所である。後者は地域熱供給システムであり、未利用木材

表3-3　未利用木材バイオマス発電

導入容量・未利用木質合計 （バイオマス比率考慮あり）		
北海道	86,544kW	23.2%
宮崎県	38,880kW	10.4%
鹿児島県	29,450kW	7.9%
大分県	25,416kW	6.8%
兵庫県	22,179kW	5.9%
全国合計	373,366kW	100%

2019年3月時点。
出所：資源エネルギー庁HPより作成。

表 3-4 北海道における未利用木材を使用する発電所

発電所名（所在地）	発電容量	燃料	操業開始
王子グリーンエナジー江別株式会社 （江別市）	25,400 kW	未利用木材、 石炭、PKS	2016 年 1 月
紋別バイオマス発電所株式会社 （紋別市）	50,000 kW	未利用木材、 石炭、PKS	2016 年 12 月
エネサイクル株式会社 （石狩市）	1,200 kW	未利用木材	2017 年 3 月
苫小牧バイオマス発電株式会社 （苫小牧市）	6,194 kW	未利用木材	2017 年 4 月
株式会社神戸物産白糠バイオマス発電所 （白糠町）	6,250 kW	未利用木材	2018 年 8 月

2019 年 3 月末時点。

出所：資源エネルギー庁 HP などより作成。

などの木質バイオマスを熱供給に活用している[8]。

（2） 苫小牧バイオマス発電株式会社

　同社は、北海道苫小牧市に位置しており、三井物産株式会社（40％出資）、株式会社イワクラ（20％出資）、住友林業株式会社（20％出資）、北海道ガス株式会社（20％出資）の 4 社が出資して 2014 年 8 月に設立した会社であり、2017 年 4 月から営業運転を開始した。同社は燃料をすべて北海道の間伐材などの林地未利用木材として発電している。発電効率は約 25.4％である。発電量は 6,194 kW であり、そのうち自家用分などを除いた 5,100 kW を北海道ガスを通して売電している。これは一般家庭の 1 万 4,000 世帯分に相当する。同社は事業運営に 6 名、燃料製造に 6 名（委託）、運転保守に 12 名（委託）の計 24 名で操業を行っている。

　同社が現在の立地を選択したのは、近くに、工業用水やイワクラ所有の広大な貯木場、さらに発電した電気を容易に送ることができる特別高圧配電線があったからである。

　同社では 1 日約 218 トン（t）の木質チップを燃料として利用している。木

材は丸太で買い入れており、発電所内の破砕施設でチップ化している。購入した丸太は、貯木場に半年ほど保管して乾燥させる。ボイラーは燃料の含水率が45％で設計されており、含水率が増えると効率が下がるなどの問題が生じるため、乾燥が重要となる。そのため購入した丸太を貯木場に積む際には、効果的に乾燥させるため、風通しなどを考慮して丸太を積む高さや間隔、向きなどを決めているという。

　同社は北海道内に広大な社有林を備える三井物産と住友林業、国有林に関して実績のあるイワクラが出資企業となっていることからも、北海道の林業との関わりが深く、未利用木材の収集には優位性があると考えられる。しかしながら、同社であっても、それほど容易には収集できていないという。現在は、苫小牧を中心に半径約150キロメートル（km）の広い範囲から収集している。同社は、道南の八雲に中間土場を設置したり、木の根や枝葉なども収集して燃料として利用するなど、燃料収集に工夫して対応しているという。木の根や枝葉には土砂が含まれ、また、灰が多く出るなど、好ましい燃料とはいいがたい。

　すでに述べたとおり、未利用木材による発電は、道内の森林資源を利用するものであり、北海道の林業の活性化をはじめとした地域経済への貢献、CO_2の削減など、多くの効果が期待されるものである。同社の営業は、いわば、地域の持続可能性を高める試みとして象徴的な側面を備えているといってよい。未利用木材のみを燃料とする同社が、今後も継続して操業が行われることが期待される。

（3）　株式会社北海道熱供給公社

　地域熱供給とは、一定地域内の建物群に熱供給設備（地域冷暖房プラント）から、冷水・温水・蒸気などの熱媒を地域導管を通して供給し、冷房・暖房・給湯などを行うシステムのことである[9]。

　同社は、札幌オリンピックの開催にともない、当時深刻であった札幌市の煤煙対策のために、1968年12月に既成市街地としては国内で初めての地域熱暖房事業者として設立された。その後3年間の建設工事を経て、1971年10月よ

り高温水の供給を開始した。設立に際しては、札幌市、北海道東北開発公庫、北海道および民間企業が出資した。事業開始の当初は、需要家件数は22件であったが、現在は札幌駅付近の約1km四方（106 ha）を事業対象としており、約300棟ある建物の約90棟が公社の事業である。そのシェアは約30％となるが、床面積で考えれば約66％のシェアになるという。

地域熱供給のメリットは、第1に、個別の建物に冷暖房設備を設置する個別熱源方式と比較して、省エネルギー効果が高いことである。第2に、CO_2の排出削減などによる地球温暖化防止といった環境効果である。第3に、個別の設備が不要になるため、スペースの有効利用などによる経済性の向上である。第4に、防災機能の向上や、熱の安定供給といった信頼性の向上である。

同社は、2009年から中央エネルギーセンターにおいて、木質バイオマスの利用を開始した。当初、中央エネルギーセンターでは、国内の石炭と灯油の2種類の燃料によって高温水を製造していた。現在は、ガスボイラー3機と、木質バイオマスボイラー1機で熱供給を行っている。

木質バイオマスを導入する以前には、1990年2月に札幌市と共同でゴミ削減の一環として、ゴミ燃料化にともなうRDF（Refuse Derived Fuel：廃棄物固形燃料）の専焼ボイラーを設置し、環境負荷の低減に取り組んでいた。その後、社会のリサイクル意識の高まりや、排ガスの 集 塵効率低下などの要因によって、2002年からRDF専焼ボイラーは休止となっていた。その休止していたRDF専焼ボイラーを利用して、木質バイオマスの利用を開始したのである。

木質バイオマスの利用は、種々の可能性のなかから、低炭素型社会の構築に向けた取り組みの一つとして選択したという。木質バイオマスの利用開始にあたっては、燃料の選定や、搬送系統の詰まり対策、燃料に含まれる水分対策など、安定した連続運転のためにさまざまな課題に取り組んだ。こうした取り組みの結果、木質バイオマスの利用量は拡大し、年間熱製造量の40～50％を占めるに至っている。その環境効果は、2005～2008年の平均CO_2排出量と比較して、2018年度は70％程度の削減を達成している。

現在の燃料の約80％は建設廃材である。林地未利用材は約10％強であり、

現在では利用が限定されている。その利用に際して、課題としては大きく3点を指摘している。すなわち、①積雪期の品質の確保（主に水分が問題）、②林地未利用材の発生量と消費量の不整合、③林地未利用材のコスト的な問題である。しかしながら、同社は林地未利用材の利用推進は、環境効果だけではなく、林業および山村地域の活性化につながるとして、その利用の拡大を模索しているという。

　木質バイオマスは燃焼後、6%程度の焼却灰が発生する。この灰の処理に関しても、同社は興味深い取り組みを行っている。発生した焼却灰は、現在、全量をセメント原料としてリサイクルしている。焼却灰をリサイクルのためセメント会社に送る際に、トラック輸送から鉄道輸送へのモーダルシフトを行い、環境負荷の低減に取り組んだ。具体的には、焼却灰を受け入れるセメント工場までの約300kmをトラック輸送から鉄道輸送に切り替えた。さらに、燃焼灰の鉄道輸送だけではなく、木質バイオマスの輸送を同時に行うことで、さらなるCO_2の削減を達成している。具体的には、コンテナ1台当たり3.5tのCO_2を削減したのである。

　　おわりに

　本章では、北海道を中心に木質バイオマスのエネルギー利用について検討した。木質バイオマスエネルギーの利用推進には、多くのメリットがある一方で、課題も少なくない。特に、未利用木材の利用は、用途間の競合や、収集の困難さなどが指摘されている。これらの解決には、林業の活性化が期待されるが、そのためには林業従事者の育成をはじめ、林道の整備や機械化の促進など、長期的な取り組みが必要となる。FITにより林業や地域経済への好影響が指摘されていることも事実であり、今後、長期的な視点から問題を検討していく必要があると考えられる。本章で取り上げた2社は、いずれも興味深く、社会的意義の高い取り組みを推進しているといってよい。今後の木質バイオマスの利用推進において、注目すべきケースといえる。

　木質バイオマスのエネルギー利用は、FIT をはじめとした国の制度や、地方自治体・企業の取り組みといった、日本の森林資源や林業の動向、国内外のエネルギー政策、輸入バイオマスをめぐる動向など、多くの論点が複合的に関係した問題だといってよい。残された課題は多いが、大きな可能性を備えたテーマであり、引き続き注目していく必要がある。

注
1) 「林野庁ホームページ」http://www.rinya.maff.go.jp/j/riyou/biomass/con_1.html、2019 年 9 月 10 日アクセス。
2) 　木質バイオマスのカスケード利用とは、木材を建築部材などの付加価値の高いものから、紙パルプやボード類などの付加価値の低いものへと使用していき、最終的にエネルギーとして燃焼させるなど、無駄なく利用することをいう。
3) 　厳密には、伐採、収集、運搬、加工などの段階で CO_2 が排出される。
4) 「林野庁ホームページ」http://www.rinya.maff.go.jp/j/keikaku/tamenteki/index.html、2019 年 9 月 10 日アクセス。
5) 　例えば、石炭火力発電所のエネルギー変換効率は 40 ～ 43 ％程度であり、IGCC（Integrated coal Gasification Combined Cycle、石炭ガス化コンバインドサイクル）では 50％を超える。天然ガスの火力発電では 50％程度だが、コンバインドサイクルの場合は 60％近くなる。
6) 　日本の FIT に熱供給が取り入れられなかった経緯については、福島・飯圀（2019）を参照。
7) 　例えば、安藤（2014）、曽我・清家・秋田（2019）などを参照。
8) 　以下については、主に苫小牧バイオマス発電株式会社および株式会社北海道熱供給公社でのヒアリングと、それら 2 社からの提供資料による。
9) 「都市環境エネルギー協会ホームページ」、http://www.dhcjp.or.jp/about/、2019 年 9 月 10 日アクセス。

引用・参考文献
安藤範親（2014）「未利用材の供給不足が懸念される木質バイオマス発電」『農林金融』2014 年 6 月号、2-16 ページ。
熊崎実編著（2016）『熱電併給システムではじめる木質バイオマスエネルギー発電』日刊工業新聞社。
古俣寛隆（2018）「北海道における木質バイオマス発電所の実際」『北方林業』第 69 巻、第 1 号、15-19 ページ。

曽我龍宇一・清家剛・秋田典子（2019）「近年の林業政策と需要変化に伴う秋田県の木材流通構造の変容」『ランドスケープ研究』第 82 巻、第 5 号、669-672 ページ。

高橋智（2011）「北海道熱供給公社中央エネルギーセンターの天然ガス化及び木質バイオマス導入による CO_2 排出削減事業」『クリーンエネルギー』第 20 巻、第 4 号、57-62 ページ。

福島雄治・飯閏芳明（2019）「FIT 制度がもたらす木材市場の混乱と対策」『黒潮圏科学』第 12 巻、第 2 号、118-130 ページ。

林野庁（2018）『平成 30 年度版 森林・林業白書』、全国林業改良普及協会。

林野庁（2019）『世界森林資源評価 2015 概要 第 2 版（仮訳)』。

渡部喜智（2012）「木質バイオマス発電の特性・特徴と課題」『農林金融』第 65 巻、第 10 号、21-36 ページ。

Web サイト

資源エネルギー庁「なっとく！ 再生可能エネルギー」、https://www.enecho.meti.go.jp/category/saving_and_new/saiene/kaitori/index.html、2020 年 1 月 7 日アクセス。

謝辞

　本章の執筆にあたって、苫小牧バイオマス発電株式会社および株式会社北海道熱供給公社、北海道水産林務部林務局には、多忙なところ、見学やヒアリング調査を引き受けていただいた。また、公益事業学会北海道・東北部会での研究発表の際には、コメンテーターを引き受けてくださった岩手県立大学の高嶋裕一教授からは包括的かつ有意義なコメントを頂き、またフロアからも多数の的確なご指摘を頂いた。心よりお礼申し上げる次第である。

【北海道の課題】

第4章

国家と地方自治体の関係をめぐる政治思想的考察
― 北海道新幹線の新駅、新函館北斗駅の建設と
その名称問題を媒介にして ―

田村　伊知朗

は じ め に

　本章は、北海道新幹線の新駅、新函館北斗駅（旧名称：新函館駅（仮称））
をめぐる過程を政治思想的観点から考察し、この過程の分析から生じる思想的
意義を抽出しようとする。この意義は、現代日本の政治過程の一側面と関連し
ている。北海道だけではなく、全国においても同様なことが、数多く生じてい
る。地方自治体が国家の総体的意思を看過あるいは誤解したとき、地方の衰退
が加速するであろう。

1.　札幌新幹線としての北海道新幹線

　北海道新幹線が、2016 年 3 月に北海道において初めて営業運転を開始した。
その表玄関つまり新函館北斗駅は、函館市には建設されていない。この駅は、
函館市ではなく、函館市の北方約 20 キロメートルに位置している北斗市（渡
島管内旧大野町）に建設されている。そればかりではない。この伝統的都市に
は線路すら建設されなかった。そして、函館市もそれを承認したのである。も

ちろん、形式的には、整備新幹線の路線と駅に関する決定主体は旧日本鉄道建設公団（現鉄道建設・運輸施設整備支援機構）である。しかし、公団という国家機関の一部が函館という歴史的かつ行政的名称を使用する際、函館市の了解を必要としたはずである。この意味で、函館市も実質的な決定主体の一部であった。

さらに、この問題はこの駅だけに関わるのではない。北海道新幹線は在来線小樽駅にも結節しない。北斗市を除いて、在来線の駅に接続する新幹線の駅は、すべて市制すら実施されない町村から構成されている。唯一の例外は札幌駅である。

この事実から、北海道新幹線は札幌新幹線であると演繹されるであろう。その意味を明確にしたのが、『神奈川新聞』における筆者のインタビュー記事である（『神奈川新聞』2014年4月6日）。北海道新幹線の本質は、札幌と東京間の速達性を確立することにある。北海道新幹線は、実体的には札幌新幹線を意味している。なぜ、このような事態に陥ったのだろうか。本章では、その意味を後期近代の政治過程においてより普遍化してみよう。北海道新幹線における新駅建設問題は、日本の現代政治の問題点と関連している。

ここで、政治的行為と、その前提の関係に関して一般的に述べてみよう。国家あるいは政府の政治的行為は、その背後にさまざまな前提を持っている。政治的行為の決定過程から排除されている国民は、その行為の直接的前提しか認識できない。しかし、ある政治的行為と、その直接的原因として映現している事象の背後には、より強大で確固とした方向性が隠されている。この方向性は、国家の総体的意思つまり国策と見なされる。

国策という概念は明治初期まで遡ることができるが、この数十年間において使用された国策という用語は、国策捜査として人口に膾炙している。2002年に鈴木宗男衆議院議員と共に逮捕され、有罪判決を受けた佐藤優によって、この概念が市民的公共性において広まった。彼は国策捜査を次のように定義している。

　　国策捜査はそれまでの時代に対するけじめとして新自由主義への転換を意味していた。
　　　　　　　　　　　　　　　　　　　　　　　　　　　　　（味岡 2011：12）

今世紀における日本の総体的意思が、富の公平な再配分を指向する国家ではなく、新自由主義国家へと転換しようとしたことを意味している。国策は、日本国家の基本的方向性すなわち国家の総体的意思を意味している。

北海道新幹線も国策と無関係ではない。この整備新幹線は、実質的に札幌新幹線として建設されているからである。その意味を本節において明らかにしてみよう。まず、整備新幹線という概念について触れてみよう。東北新幹線を例にすれば、盛岡以南の新幹線は旧国鉄によって建設された。並行在来線は廃止されていない。むしろ、その建設目的の一つは、在来線の輸送量を増大させることにある。新幹線が建設されることによって、優等列車が在来線から消える。特急列車を待つための時間が解消されたことによって、在来線の速度とその運行本数も増大し、旧国鉄そして JR 東日本の利益が増大した。それによって、在来線の利用者の利便性も拡大した。

対照的に盛岡以北は、整備新幹線として、つまり旧日本鉄道建設公団（現鉄道建設・運輸施設整備支援機構）によって建設される。盛岡以北は、もともと在来線の利用者数が少ないので、優等列車があってこそ、その路線が維持されてきた。在来線特急が新幹線に格上げされれば、在来線は廃止される。経営的観点からすれば、当然であろう。しかし、鉄路それ自体は残る。その経営主体は、第三セクターによって運営される営利企業である。単純化すれば、実質上、地方自治体によって運営される。

在来線廃止という地域社会における犠牲を払って、整備新幹線が盛岡から札幌まで建設されようとしている。その第一の目的として設定されている政策は、道州制の導入という国策であろう。この国策は、20 世紀中葉から数十年にわたって議論されている。この導入によって日本の国土軸は、根本的に変化する。

> 道州制の導入は、都道府県制度の見直しにとどまらず、国と地方の双方の政府の在り方を再構築するものと位置づけられるべきである。

（第 28 次地方制度調査会 2006：17）

日本において新たに道州が設置されることによって、国土は分割される。これまでの日本国家の存在形式が、21世紀中葉において再編成されるであろう。道州制による国土軸形成という国策に基づき、州都間の交通が再構築される。

北海道は道州制になっても現在と同様に、州都は札幌市にある。東北州の州都は仙台市にあり、関東州の州都は旧大宮市（現さいたま市）にある。東京は日本の首都である。もちろん、この州区分と州都はいまだ公式には確定されていないが、誰もが州都の位置について異論を唱えることはない。政府の出先機関、例えば地方財務局等は、すでにその地にあるからだ。

北海道新幹線もその一環として建設される。札幌市とこの2つの州都そして東京が新幹線網によって結合される。そのためには、この4つの都市が可能な限り直線的に結合しなければならない。もし、在来線の現函館駅に北海道新幹線の新駅を建設すれば、スイッチバックつまり逆方向運転しなければならない。

スイッチバック方式を北海道新幹線に導入すれば、どのようになるのであろうか。第1に、この駅にすべての列車が停止しなければならない。第2に、停車するために、その前後は最高時速で走行することが不可能になる。札幌駅を出発した列車の何本かは、ノンストップで新青森駅あるいは仙台駅へと直通しなければならない。すべての列車が函館に停車するような事態を避けるために、この駅は函館市には建設されなかった。新幹線函館駅においてスイッチバック方式を採用することは、札幌市と東京の速達性を確保するという前提と矛盾しているからである。

鉄道事業者によって設定されている速達性は、市民的な日常意識によって表象される速達性から明瞭に区別されている。前者にとって、速達性は分単位そして秒単位で考えられている。かつてJR東海は、本社所在都市にある名古屋駅すら停車しない「のぞみ301号」を設定した（JTB日本交通公社出版事業局 1992：66）。この列車は名古屋駅を通過するので、いわゆる「名古屋飛ばし」として有名になった。東京駅と新大阪駅間における停車駅は、新横浜駅のみである。東京駅と新大阪駅間の速達性を向上させるために、名古屋駅を通過させる運行形式を設定した。鉄道事業者は、人口229万人の名古屋市にある駅

すら新幹線を通過させるという合理性を持っている。

　ちなみに、新横浜駅には停車している。理由は単純である。横浜市の人口は約 372 万人であり、名古屋市のそれは 229 万人でしかない。前者は後者の約 2 倍の人口規模と、それに応じた経済規模を持っている。鉄道事業としての合理性に基づく限り、30 万人都市にすぎない函館市を経由しない路線を設計することは、何ら問題がないであろう。

　また、道州制が導入されると、州都だけが繁栄し、他の都市とりわけ現在の県庁所在地の衰退が進展すると言われている。単純化すれば、道州制は複数の県庁所在地の県庁職員を州都に集合させることにつながる。そして、この事態は北海道の場合に、まさに現在進行形である。

　行政区分としての札幌市だけではなく、総務省によって設定された札幌大都市圏を考察してみよう。2015 年時点で、その面積は北海道全体の約 5 分の 1 にすぎないにもかかわらず、その人口は 263 万人であり、北海道全体の人口の過半数を占めている（総務省統計局　2018：107）。さらに、総務省の大都市圏に関する基準によれば、北海道第 2 の都市、旭川市は、札幌大都市圏という範疇に算入されていない。しかし、両都市は、30 分ごとに発車する特急列車によって約 90 分で結合されている。両都市間を通勤することも、不可能ではない。もし、この都市を札幌大都市圏に算入すれば、北海道中央への人口集中という意義は、さらに深刻度を増したものとして認識されるであろう。

　札幌大都市圏への人口移動にとどまらず、情報、経済的関係への一極集中もすでに現実化している。北海道新幹線は、札幌大都市圏への重心移動をより促進するのであろう。逆に言えば、この人口動態と経済的関係が予見されたがゆえに、現在の北海道新幹線の建設ルートが採用されたのであろう。

　国策としての札幌新幹線に対して、別の原理、例えば北海道の各都市を均等に結合するような北海道新幹線概念を対置することも、思想的には可能である。

　　　新幹線鉄道の路線は、全国的な幹線鉄道網を形成するに足るものであるとともに、全国の中核都市を有機的かつ効率的に連結する。（全国新幹線鉄道整備法第 3 条）

この法律の趣旨を適用する限り、札幌だけではなく、北海道の主要都市を網羅するような路線網が構築されるべきかもしれない。

　しかし、函館市が国策つまり国家の総体的意思に対抗して、個別的法律の解釈を対置しても、ほとんどその効果はないであろう。この思想的提起は、資本主義に対して社会主義を対置することに類似しており、現実態において蟷螂の斧となろう。函館市は、国策としての札幌新幹線を前提にしつつ、その対策を考えるしかなかった。例えば、車両基地を七飯町ではなく、JR北海道の五稜郭駅周辺に設定することを提案すべきであった。

　東京始発のすべての北海道新幹線が、札幌まで運行されるわけではない。そのいくつかは、北海道南部にある車両基地へと回送される。東京からの乗客は、乗り換えることなく、乗車したまま終点の駅から車両基地へと輸送される。

　それに似た事例はすでに存在していた。山陽新幹線の車両基地の所在地である博多南駅から、山陽新幹線の終着駅である博多駅まで、新幹線車両が実質上回送されている。JR西日本とJR九州の境界線の問題があり、この博多南線は山陽新幹線と九州新幹線の路線網から外れている。この路線は在来線と見なされているようであるが、実質上、新幹線車両によって運行されている。

　地方自治体は国策それ自体を批判するのではなく、国策の存在を前提にしつつ、その枠内において地域の利益に適合した独自の行為を実施すべきであろう。

2.　並行在来線の経営主体としての第三セクター

　整備新幹線が建設されることによって、並行在来線はJR各社から経営分離される。鉄道事業者によって経営放棄された路線は、第三セクターによって運営される。第三セクターの経営者は、地方自治体の首長あるいは幹部公務員、幹部退職者である。青森県内の東北本線が青い森鉄道線として運営されている。2019年現在の青い森鉄道社長、千葉耕悦は、元青森県企画政策部新幹線・並行在来線調整監であった（青森県 2016：1）。また、北海道新幹線が開業し

たことにより、江差線が並行在来線として JR 北海道から経営分離された。江差線の経営を担うために、道南いさりび鉄道が設立された。この会社の初代社長は、小上一郎前函館市農林水産部長である（『朝日新聞』2017 年 3 月 23 日）。青い森鉄道株式会社と道南いさりび鉄道は、ともに第三セクター、つまり地方公務員の天下り先として設定された。

　一般職地方公務員は、さまざまな部局を数年の任期で交代する。彼らは、専門的な経営者に適していない。公務員労働の特質の一つは、前例主義、減点主義、リスクを負わないことにある。公務員組織、大企業、大労組等の巨大組織はこの病理から自由ではない。この点に関する詳細はすでに論じている（田村 2013）。元一般職地方公務員が、JR 各社から経営不能と見なされた鉄道会社を経営することになる。彼らは、鉄道経営者になるべくキャリアを形成してきたわけではない。言わば、鉄道事業に不慣れな素人が、ほぼ赤字確実の鉄道会社を経営しなければならない。元一般職地方公務員によって経営される鉄道会社は、ほぼ確実に茨の道を歩むことになろう。

　元一般職地方公務員の経歴を持たない者が、JR 北海道から経営分離された在来線鉄道の経営を担えないのであろうか。北海道が沿線自治体である函館市、北斗市、木古内町と設立した「道南地域（五稜郭・木古内間）第三セクター鉄道開業準備協議会」は、その名称にも見られるように、第三セクター方式を前提にしている（北海道 2014）。この前提自体は問題にされておらず、別の選択肢は考察の対象にすらなっていなかった。

　しかし、税金の投入を前提にしながらも、実際の運営を民間会社に委託することも可能である。欧州で一般的な上下分離方式を活用することも可能であろう。この方式では、地方自治体が鉄道の設置と保線業務を担うが、運行と経営は民間会社に委譲される。例えば、岡山電気軌道によって全額出資された和歌山電鐵が、和歌山県貴志川線を経営している（和歌山県 2006）。このような経営形態が採用されることによって、元一般職地方公務員によって経営される第三セクターの非効率性が排除されるであろう。

3. 新函館北斗駅という名称問題と地方公務員の無作為

　札幌新幹線としての北海道新幹線という本質が、この新駅名称問題という派生的領域においても現象している。ここで、その過程を検証してみよう。この過程から浮かび上がってくるのは、地方自治体の官僚機構に特有な現象、つまり無責任体質である。

　2013 年から 2014 年にかけて北海道新幹線の新駅名称、新函館駅（仮称）が問題になった。新駅所在地の北斗市が、北斗の名前を新駅に挿入することを要求した。新駅名称問題に関して『北海道新聞』が筆者の見解を掲載した（『北海道新聞』2014 年 6 月 12 日）。

　函館市は北海道新幹線の新駅に関して、新函館駅（仮称）という名称を信じてきた。北海道新幹線の誘致運動の期間を含めれば、数十年間この仮称という言葉に注意を払わなかった。新函館駅（仮称）と同時に建設される新幹線木古内駅という名称には、仮称が付いておらず、確定していた。函館市は、仮称という言葉が存在しないかのようにふるまってきた。

　開業直前と比較すれば、この誘致運動の期間において新函館駅（仮称）から仮称を取ることは、より容易であった。2006 年以前であれば、新駅所在地は渡島管内大野町であった。新駅に大野の名称を入れるべきだと、大野町長が主張することは、ほとんどありえなかった。遅くとも、20 世紀であれば、この仮称という言葉を削除することは、問題なかった。

　しかし、歴代の函館市長、井上博司（1999 ～ 2007 年）、西尾正範（2007 ～ 2011 年）、工藤寿樹（2011 年～　　）は、この問題を看過してきた。今世紀の函館市長は、すべて函館市助役（現副市長）を経験している。彼らは、函館市行政の要職を歴任することによって市長になった。特に、企画部長は新幹線問題の統括責任者であった。彼らもこの問題に気がついていたはずである。

　この問題を今世紀初頭に遡って検討してみよう。2006 年に、新函館駅（仮称）の所在地、渡島管内大野町が渡島管内上磯町と合併した。北斗市が新たに誕生し、海老沢順三旧上磯町長が初代北斗市長になった。旧上磯町は 2005 年

当時、4 万弱の人口を抱え、市制実施の時期を模索していた。それに対して、旧大野町は 1 万人強であり、農業以外にはほとんど産業がなかった。人口規模は、ほぼ 3 倍強の開きがあった。通常であれば、この合併によって上磯市が誕生しても問題なかった。新しい市庁舎も、旧上磯町役場が転用された。行政の中心が旧上磯町に移行することを、事実上、誰もが不可避と考えていたはずである。旧大野町の行政担当者、そして旧大野町民も、対等合併であったと心から認識していたわけではなかった。

　しかし、この合併を主導した海老沢順三旧上磯町長は、上磯という名前にこだわらなかった。上磯という伝統ある町名を廃棄し、北斗という名称を冠した新しい地方自治体を創造しようとした（『北海道新聞』2006 年 12 月 15 日）。旧町名にこだわる限り、2 つの町の融和は困難であったからだ。

　海老沢順三市長が、2006 年 3 月 6 日における市長就任会見で、市域内に建設予定の新函館駅（仮称）の名称を北斗駅に改名すべきであると主張した。もちろん、それは新都市における融和政策の一環でもあった。事実上、吸収合併された旧大野町への配慮でもあった。この市長の提言を受けて、北斗市議会も名称問題を議論した。北斗駅と北斗函館駅という 2 つの名称が、市議会において議論対象になった。最終的に、北斗市議会の新幹線建設促進調査特別委員会が、2010 年 9 月 29 日に新駅名称を北斗函館駅に決定した（『函館新聞』2010 年 9 月 29 日）。この妥協的名称は、北斗駅という選択肢と僅差であった。

　新駅名称を新函館駅とすべきか、北斗駅にすべきか、という問題は、北海道新幹線の本質と関連している（『北海道新聞』2006 年 3 月 7 日）。新駅に関して名称だけは函館の名を冠して、実質的には北斗市において建設された。函館市が市街地中心、例えば在来線の函館駅、あるいはそれに隣接する五稜郭駅周辺に新駅を誘致していれば、この種の問題は起こりえなかった。形式と実体は一致していたからである。この名称と実質の分離というねじれ現象を、北斗市長が解消しようとしていた。

　この名称問題を一般化すれば、次のようになるであろう。通常、同種の問題は、知名度の低い都市、例えば千葉県におけるある都市が知名度のより高い都市、例えば東京の名称を用いることによって発生する。その著名な例として、

千葉県浦安市に存在している東京ディズニーランドを挙げることができよう。しかし、東京にある施設が千葉という名称を冠することは、通常ありえない。全国的な知名度、あるいは国際的な知名度を上げるためには、より知名度の高い都市名、ここでは東京を冠する場合が多い。

　函館市と北斗市の論争に戻れば、北斗市が新駅建設に際して、市内に建設されようとする施設、すなわち新駅をより知名度の高い函館という名前を冠することはありうる。北斗市は平成の大合併によって誕生した新しい都市である。北海道内に限定しても、その都市名が社会的に認知されているわけではない。しかし、函館市が自らそれを強制することは、困難である。東京都が、千葉県に建設される施設に東京という名前を冠することを強制できないことと同様であろう。このような論理に従う限り、北斗市の主張は正当なものになろう。

　もちろん、函館市が最近の数十年間新幹線誘致運動を中心的に展開したことは、顧慮されるべきであろう（『北海道新聞』2006年3月8日）。しかし、この誘致運動は、新駅が函館市外に建設されるということを明瞭にして展開されたわけではない。新駅名称は新函館駅になるというイデオロギーが、「函館に新幹線を」という函館市役所に掲げられた標語に暗黙裡に含まれていた。

　新駅名称における仮称という付加語が決定段階において外される際、その名称が変化する場合は、新函館駅（仮称）にとどまらない。官僚的合理性が依拠する行為規範の一つ、前例主義に則っても、その事例が存在していた。東北新幹線の七戸駅（仮称）の名称に関して、2010年の開業を控えた前年に、七戸町議会は東北新幹線の新駅名称を七戸駅とすると決議していた（七戸町議会広報編集特別委員会　2009：12）。しかし、開業後は七戸十和田駅に改称され、現在に至っている。函館市は、このような先例の存在を意図的に看過してきた。

　北斗市新市長による北斗駅提唱から起算しても、2014年の時点において、8年の年月が経過していた。この間、函館市は問題を先送りしてきた。仮称とはいえ、新函館駅が数十年間定着していたし、函館というブランドに安心しきっていた。開業を控えた2014年になって、北斗市の政治的主張が認知されてきた。駅舎が存在する北斗市の名前を新駅名称に挿入すべきであるという主張である。函館経済界はこの主張を支持した。この主張には理がある。JR北海道

も、駅建設とレール敷設にあたって、北斗市と協議すべき案件は多々あるから
だ。 新幹線線路そして駅舎を建設する企業は、その利益を貫徹するために函
館市ではなく、北斗市と交渉しなければならない。函館市は、その過程におい
て蚊帳の外に置かれた。

　このような致命的問題が生じた理由は、どこにあるのであろうか。この理
由の一端は、日本の官僚制の問題一般と関連している。多くの官僚、とりわけ
キャリア官僚と呼ばれる上級公務員は、数年の任期で多くの部署を渡り歩く。
しかも、最近では中級公務員もその多くが移動する。しかし、課長補佐、係長
が実務の細部を把握しなければならない。同一の部署の歴史的経緯に詳しい人
が、10 年間、20 年間という長期間にわたって在職していないと、その意味づ
けが理解できなくなる。中級公務員がかつてはその役割を担っていたはずであ
る。同一の部署に長期間在職する中級公務員が、現在では減少している。少な
くとも、広範囲でかつ重要な案件であればあるほど、この問題に精通した人間
が必要である。にもかかわらず、多くの公務員が数年で移動することによっ
て、根本的問題に対処できない。

　また、一定期間が経過すれば、公文書が廃棄されることも問題であろう。5
年を経過すれば、市役所によって作成された文書は、ほとんどすべて廃棄され
る。法律の制定過程における「立案の検討に関する審議会等文書」ですら、30
年で廃棄される（内閣府 2019：60）。ある問題がどのような過程で設定され、
その過程でなされた決定がどのように準備されたか。このような事象を再検討
する可能性は、少なくとも地方自治体を中心にする地方政治過程においてほと
んどない。地方公務員の行為様式における構造的欠陥は、検証されないままで
終わる。ここでも、公務員の無責任体制が維持される。否、このような無責任
体制を維持するために、5 年という時間が経過した後、多くの文書が廃棄され
るのであろう。

　ドイツの都市には、都市文書館が存在している。したがって、今でも東ドイ
ツ時代の文書が実名入りで閲覧可能である。例えば、ドイツ連邦共和国におけ
るハレ市（ザクセン・アンハルト州）の都市文書館には、東ドイツ時代に関す
る膨大な資料が保存されている（田村 2015：213）。今世紀になっても、東ド

イツ時代、あるいは遡って第三帝国時代におけるある都市の政治過程が問題になる理由は、このような資料が保存されているからである。

　新函館駅（仮称）の問題に戻せば、歴代の企画部長がこの問題に気がついていたはずである。しかし、重要な問題になればなるほど、彼らはこれを棚上げし、先送りしてきた。前任者は後任者に、課題を引き継いだだけである。そして、その問題が大きくなればなるほど、当該問題は棚上げされてきた。棚上げすることによって、自らの責任を回避してきた。官僚だけではない。多くの人間も一般にその傾向から免れない。この問題については、先に論じている（田村 2014）。

　この結果、元企画部長であり現函館市長がこの問題を取り上げたとき、外堀はすでに埋まっていた。2013 〜 2014 年にかけて、北斗市が北斗函館駅を、函館市が新函館駅を主張した。後者の主張が通るはずもない。函館経済界を代表していた松本栄一函館商工会議所会頭が、新函館北斗駅を主張することによって、外堀だけではなく、内堀も埋まってしまった（『函館新聞』2014 年 6 月12 日）。もはや、北斗という名称を入れざるをえなくなっていた。 歴代の函館市長の先送り体質が、このような事態を招いた。新駅名称は、新函館（仮称）駅から（仮称）が除去され、北斗が挿入された。新駅名称をめぐる議論は、函館市の主張と北斗市の主張を折衷しただけで終わった。

　お わ り に

　函館市は 2014 年までの数十年間、函館市には北海道新幹線の新駅が設置されず、その線路すら建設されないという前提を看過したまま、その誘致運動を実行してきた。国家の総体的意思は、函館市を全国新幹線網から除外した。もし、この伝統的都市がこの国策を明確にしていれば、新幹線ルート作成時に、新幹線新駅ではなく、新幹線車両基地を在来線函館駅周辺に誘致するという選択肢も可能であったかもしれない。また、新幹線ルート作成後も、函館市を中心に誘致活動が行われたが、その際、新函館駅（仮称）という奇妙な名称を変

更することも可能であったであろう。

　最後に、本章では触れていないが、北海道新幹線が札幌まで延伸された暁には、新函館北斗駅と在来線函館駅間の在来線は、第三セクター化される。北海道新幹線が開業される直前になって初めて、函館市はこの事実に意識を向けた（『北海道新聞』2010 年 5 月 1 日）。助役（現副市長）等の要職を歴任してきた西尾市長がその反対運動を展開した（『函館新聞』2010 年 5 月 20 日）。多くの函館市民が署名活動を精力的に実施した。もちろん、それは税金の無駄遣いを招いただけであった。このような事態が生じた根拠は、函館市が国策としての札幌新幹線を認識しなかったことにあろう。

引用・参考文献

『神奈川新聞』斉藤大起「愛国の超特急（上）北海道新幹線の実体『真っすぐの思想』」2014 年　4 月 6 日、23 面。

「全国新幹線鉄道整備法」。

田村伊知朗（2015）「後期近代の公共交通に関する政治思想的考察 ── ハレ新市における路面電　車路線網の拡大過程を媒介にして」『北海道教育大学紀要（人文科学・社会科学編）』第 66 巻　第 1 号、213-223 ページ。

『函館新聞』「西尾市長　JR に継続申し入れ　函館 ── 新函館間経営分離問題」2010 年 5 月 20　日、1 面。

『函館新聞』山田孝人、千葉卓陽「新駅は『北斗函館駅』」2010 年 9 月 29 日、1 面。

『函館新聞』松宮一郎「駅名『新函館北斗』」2014 年 6 月 12 日、1 面。

『北海道新聞』「北斗駅にしたら」2006 年 3 月 7 日、32 面。

『北海道新聞』「海老沢市長の新幹線駅名発言」2006 年 3 月 8 日、31 面。

『北海道新聞』渡辺淳一郎「北斗市誕生」2006 年 12 月 15 日、25 面。

『北海道新聞』安本浩之「北海道新幹線」2010 年 5 月 1 日、27 面。

『北海道新聞』田村伊知朗「新函館北斗駅名称問題」2014 年 6 月 12 日、28 面。

JTB 日本交通公社出版事業局（1992）『JTB 時刻表』第 68 巻第 3 号、66 ページ。

Web サイト

青森県（2016）「平成 27 年度に課長級以上で離職した職員の再就職状況」1-2 ページ（PDF）、　http://www.pref.aomori.lg.jp/soshiki/soumu/jinji/files/28saisyusyokukohyo.pdf、　2019 年 10 月 12 日アクセス。

『朝日新聞』「2016 年開業　北海道新幹線【北海道新幹線 1 年を語る】（4）道南いさりび鉄

道・小上一郎社長」2017 年 3 月 23 日、http：//www.asahi.com/area/hokkaido/articles/ MTW20170323011360001.html、2019 年 10 月 10 日アクセス。

味岡康子（2011）「インタビュー：作家・元外務省主任分析官　佐藤優さん」東京弁護士会編 『Libra』 第 11 巻第 12 号、12-17 ページ（PDF）、https：//www.toben.or.jp/message/ libra/pdf/2011_12/p12-17.pdf、2019 年 10 月 12 日アクセス。

総務省統計局（2018）『平成 27 年国勢調査最終報告書　日本の人口・世帯』1-155 ページ （PDF）、https：//www.stat.go.jp/data/kokusei/2015/final/pdf/01-01.pdf、2019 年 10 月 10 日アクセス。

第 28 次地方制度調査会（2006）「第 28 次地方制度調査会答申（平成 18 年 2 月 28 日）」『道州 制のあり方に関する答申』1-5 ページ（PDF）、http：//www.soumu.go.jp/main_sosiki/ jichi_gyousei/c-gyousei/dousyusei/、2019 年 10 月 10 日アクセス。

田村伊知朗（2013）「前例主義、横並び主義、新しい仕事をしない主義という馬鹿」『田村伊知 朗　政治学研究室』、http：//izl.moe-nifty.com/tamura/2009/04/post-2635.html、2013 年 12 月 12 日アクセス。

田村伊知朗（2014）「破滅への予感と、日常的営為への没頭 ― 花輪和一『刑務所の前』と 福島における放射能汚染」『田村伊知朗　政治学研究室』、http：//izl.moe-nifty.com/ tamura/2014/05/post-aabb.html、2014 年 5 月 23 日アクセス。

内閣府（2019）「別表第 1　行政文書の保存期間基準」『行政文書の管理に関するガイドライ ン 』、1-95 ペ ー ジ（PDF）、https：//www8.cao.go.jp/chosei/koubun/hourei/kanri-gl. pdf、2019 年 10 月 10 日アクセス。

七戸町議会広報編集特別委員会（2009）「議会だより」第 15 号、1-12 ページ（PDF）、http： //www.town.shichinohe.lg.jp/gyosei/file/No.15.pdf、2019 年 10 月 10 日アクセス。

北海道（2014）『『道南地域（五稜郭・木古内間）第三セクター鉄道開業準備協議会』につい て」、http：//www.pref.hokkaido.lg.jp/ss/stk/hkz_dounan.htm、2015 年 8 月 3 日アクセ ス。

和歌山県（2006）「和歌山電鐵、紀州鉄道、その他の鉄道について」、https：//www.pref. wakayama.lg.jp/prefg/020500/tetudou/tamadesu.html、2019 年 8 月 3 日アクセス。

コラム3 コンテンツツーリズムと地域創生

　近年、コンテンツツーリズムが人気である。コンテンツツーリズムとは、映画やテレビドラマのロケ地となった場所や、マンガやアニメなどの舞台となった土地などを観光先として訪れる旅行形態のことである。とりわけ、アニメ作品にゆかりのある場所を訪れることを「聖地巡礼」と称し、多くの人が集まり経済効果も上がっている。

　そのため、観光客の集客のため制作会社にロケ地の提供を申し出る自治体も少なくない。特にこれといった観光資源を持たない自治体にあっては、ロケ地の情報提供にとどまらず、ロケハンへの同行や関係機関の手配、撮影のための各種許可申請やその手続きも引き受けるなど、積極的な対応をしている。

　本学のある北海道といえば、連続TVドラマ『北の国から』が有名である。言うまでもなく、東京からUターンで地元に戻ってきた「黒板五郎」と、その子どもである長男「純」、その妹「蛍」を核にした物語である。ドラマは誰の日常にも起こりうるさまざまな出来事を軸に、そこに登場する人物の多様な心情を丁寧に描き、番組終了後の今もなお人気を博している。

　このドラマの舞台となった富良野市は、『北の国から』ファンにとっていわば「聖地」である。「黒板家」が劇中住んだ「廃屋」や「丸太小屋」「石の家」は言うに及ばず、純や蛍が北海道に来て初めて降り立った駅や通学していた小学校分校、ロケ先として使用された実在する食堂や喫茶店など、コンテンツの宝庫である。

　しかし、このドラマがテレビで放映されたのは 1981 年であり、放送開始からすでに約 40 年が経っている。ドラマ放映時にはあった建物のいくつかは取り壊され別の建物に変わり、砂利道であった道路はきれいに舗装され、その当時はなかった大手チェーン店が出現し、目に映る現実の風景はドラマの中に観たそれとは違う。

　それにもかかわらず『北の国から』ファンが富良野を訪れるのはなぜだろうか。それは、ドラマの中に観た風景それ自体が「記憶」としてその人の中に存在するからである。『北の国から』に感動し、その舞台となった富良野を訪れるファンは、それが初めての富良野だとしてもすでにその土地の「記憶」を有している。

　コンテンツツーリズムで訪れた観光客は、映画やドラマ、アニメで観た風

景に身を置くことで自身の記憶をなぞり、たとえ目に映る現実の風景が記憶の中にある風景と違っていても、そこにかつての風景を見ており、そこからわき起こる心情に思いを巡らし、自分の物語を旅することとなる。そのとき、その観光客はもはや観光客ではなく、そのコンテンツの新たな登場人物であり当事者となる。

　人は自分の物語を旅している。コンテンツツーリズムによる地域活性化を検討する自治体は、そこを訪れる人の物語をどれだけ創生できるかが地域の振興・創生のカギとなることを深く銘記する必要があるだろう。

写真　「黒板家が最初に住んだ家」
（著者撮影）

（外崎　紅馬）

【多文化共生への挑戦】

第 **5** 章

ブロニスワフ・ピウスツキのサハリン研究と民族自治

宮崎 悠

は じ め に

　…此島には raha koro ajnu と称する羽の生へて居る人間が居たと云ふのである。之に就てナエロ村の一老人は曰く、其頃は此島も暖かであつて、不思議な此の生物は家も造らなければ、衣服も着てゐなかつた、其に折々は雪も降つたのが、概して非常に温和であつた爲め、此の種族は雪なぞにはビクともせず、僅に木陰で雨露を凌いで居た。彼等は自分の羽で追ひかけて種々の野獸を獵して居たが一度見込まれると彼等は既に逃がれることは無かつたのである。かうして餘り多く海陸の獸を殺して仕舞つたので、神様も終に彼等を罪する事に決定し、羽を全く取り上げて仕舞つた。此時からして狩獵は非常に困難に成つて來たが、其の代り獸は大變安全になつて、御蔭で今日まで存在する事が出來たのであると。…

　此の羽の生へた人類に關しては猶ほ次の様な話もある『白鳥の一群が彼等の頭の上を、北國指して飛び去つたが、やがて又南の國へ歸つて來て、Ko-ko-ko! と優しく鳴いた。スルト一人が鳥を羨ましがつて、自分も一所に連れて行つてくれまいかと頼み込んだ。彼等も亦羽を持つて居るが、いつも或場所の上に座つて居なければ成らなかつたので、使はずに居た爲め羽は役に立たなくなつて仕舞つたのである。やがて白鳥は彼を背に乗せ遙に飛び去つた、其時からと云ふものは、白鳥が群をなして飛び過ぎ行く春と秋とには、いつも飛び行く人の重いコー、コー、コーと叫ぶ聲が聞える』と。

　ここに引用した伝説は、民族学者ブ
ロニスワフ・ピウスツキが、20世紀初
頭のサハリンにおいて先住民の起源に
関する伝承を採集し、論文に収めたも
のである。羽の生えた人たちがいたと
される「此島」は、北海道の北に位置
する細長い大きな島である樺太、すな
わちサハリン島を指す（図5-1）。

図5-1　蝦夷地図式（二）蝦夷及樺
　　　太ノ図
近藤重蔵が1809年に作成。樺太が半島
か島か判明しておらず、両説併記されて
いた。
出所：北海道大学附属図書館北方資料室
　　　所蔵（金木藤雄模写、1969年）。
　　　井上（2006a）。

　　稀薄な樺太島の住民は、オロッケン
　（Oroken）ギラーケン（Gilaken）ア
　イヌ（Ajnu）の三種族から成つて居る
　が、　孰　も露國人や日本人が初めて此
　　いずれ
　島に上陸した頃には、最う尻から住ん
　　　　　　　　　　　も　とう
　で居つたのである。
　　　　（高倉・井上2018：263、ルビ宮崎）

　そして聴き取りを続けるなかで、当
初は隠されていた話だが、アイヌが来
る前に霧散してしまった別の種族トン
チ（Tontschi）がいたことが明かされる。その消息を尋ね歩くうちに得られ
たのが、トンチよりもさらに前にこの島に暮らしていた羽の人の伝説であっ
た。

　ピウスツキはアイヌ語で聴き取った内容をまずロシア語の論文にまとめ、そ
れを著者自らドイツ語へ翻訳してそれぞれの言語で1909年に発表した。なお
ドイツ語版を1911年に鳥居龍藏が日本語訳して「樺太島に於ける先住民」と
題し『人類學雜誌』ほか2誌に発表している（高倉・井上2018：261）。なぜ
母語であるポーランド語ではなく、ロシア語やドイツ語で執筆したのであろう
か。

　ブロニスワフ・ピウスツキは由緒あるポーランド貴族の家に生まれ、弟のユ

ゼフ・ピウスツキは第一次大戦後にポーランドを独立へ導いた「建国の父」として知られる。故郷リトアニアはポーランド分割によりロシア帝国領となり、ロシア化が進められたが、兄弟は家庭においてポーランド人としての愛国心を保つよう教えられた。

　ブロニスワフはペテルブルク大学法学部へ進むが、在学中にロシア皇帝アレクサンドル 3 世暗殺未遂事件に連座してサハリンへ流刑となった。このとき、弟ユゼフも関係を疑われて 5 年間のシベリア流刑に処せられた。ブロニスワフは以降 19 年間を極東の地で過ごした。

　刑期の削減により強制労働から解放されると、ウラジオストクの博物館に物品管理人の職を得たブロニスワフは、1902 年から 1903 年にかけ南サハリンにおいてアイヌとオロッコの民族資料の収集を行う探索に出た。1902 年 7 月にウラジオストク港を出てコルサコフ（大泊）、シャンツィ村、西海岸のマウカ（眞岡）に滞在し、口承文学のユーカラをはじめとする音声記録を蝋管（蝋で作られた円筒状のレコード。エジソンが 1877 年に発明し、最初の蓄音機に使われた）に保存した（マイェヴィチ 2013：7）。8 月に入り、マウカとコルサコフを結ぶ連絡船の営業期間が終了したため、函館を経由してコルサコフに戻った。この「初来日」は非合法であったが、3 週間函館に滞在して市内や近郊を見物し、8 月 30 日にコルサコフへ向かった。

　その後、東海岸のルレ村やアイ村をはじめ各地で調査を行い、翌 1903 年 7 月にはロシア地理協会調査団として再び来函した（図 5-2）。この調査に際しても、エジソン式蓄音機一式を携えていた。函館では偶然に白老のアイヌが

図 5-2　ブロニスワフ・ピウスツキ
1903 年函館、井田写真館にて。
出所：井上（2013：ⅲ）。

路頭に迷っていたのを目にしてアイヌ語で話しかけ、ノムラ・シパンラム（野村芝蘭）らの帰郷を助けた。これを縁に、調査団は白老に逗留してアイヌの生活をつぶさに記録した（井上 2013：67）。

　ピウスツキが収集した資料はヨーロッパへ送られたが、蠟管レコードの所在は分からなくなり、その後の2度にわたる大戦で失われたと考えられていた。しかし、1970年代末になってアイヌ語が録音してあると推定される70本がポーランドで発見され、解析のため65本が日本へ運ばれることとなった。1983年7月に届いた録音蠟管は約1世紀前の製品であり、保存状態が悪く損傷したりカビが付着していて復元の見込みは極めて低かったものの、北海道大学応用電気研究所が再生に成功した（朝倉 2013：31-46）。

　ところが、音源の復元がなされても、樺太アイヌ語の意味を解することのできる聞き手がいない状況では内容の解析ができなかった。樺太アイヌ語話者を探して協力を求め、音声を吹き込んだ人の声を聞き覚えている親族を見つけ出し、よみがえった音との再会がなされるまでの経緯は、中学生向けの国語教材にまとめられている（山岸 1987）。

　ピウスツキ蠟管の遍歴が広く知られたことから、ブロニスワフはアイヌ語のユーカラを録音した民族学者として北海道において記憶されているが、それは一つの側面であり、彼の生涯や思想を明らかにする研究にはまだ多くの余地がある。特に、サハリン島住民との関係においては教育者としての側面が強く表れたほか、1905年3月から4月にかけて「樺太アイヌ統治規定草案」を起草するなど、少数民族の自治の確保を試みた形跡がみられる。そこで以下では、ピウスツキが滞在した時期のサハリンの状況を概観する。その上で、彼が少数民族の自治を考える際に参考にしたと考えられる祖国ポーランドの歴史をふまえつつ、民族学者としての第一論文「樺太ギリヤークの困窮と欲求」（1898年）の内容を検討する。

　なお先行研究について、沢田（2013：7-10）に研究史がまとめられている。初めての包括的評伝であり、1980年代以降の学際的なピウスツキ研究の集大成でもある Sawada（2010）に本章は依拠している。また、ピウスツキ自身の著作については、高倉・井上（2018）に収められたものを引用した。

1.　20 世紀初頭におけるサハリン島の状況

「サハリン」は黒を意味する満州語で、本来はアムール川をさす言葉であったが（上村 1990：31; 間宮・村上 1990：191）、この島の名称として欧米に普及した。先述のピウスツキの論文は、ロシア語版では Сахалин、ドイツ語版はSachalin と記している。日本の書物にも「サガレン」の表記が見られるが（例えば宮澤賢治の短篇「サガレンと八月」（1923 年）には「口のむくれた三疋の大きな白犬に横っちょにまたがって」くる「ギリヤークの犬神」が登場する）、古くから「カラト」や「カラフト」と呼ばれ、「唐太」の漢字をあてたりした（井上 2006b）。

　西海岸を北上してカラフトが半島ではなく島であることを確認した間宮林蔵は、『北夷分界餘話』において島名の由来を考察し、「カラフトの語また蝦夷島の言語にあらざれば……蓋し本邦の人、名づくる処なるべし」としている。そして、この島に「錦・玉・煙管の種々を持来て、獺・狐・狸・鹿の皮と交易せし」沿海州の人々のことを「唐人」（松前方言で人をフトと称した）と呼び、そこから島の名が「カラフト」になったとの一説を示している（間宮・

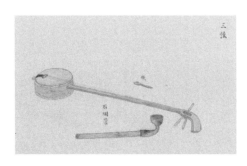

図 5-3　夷製三弦及煙管図
三弦の胴は「魚皮を以て」張られ、「東韃の易へ
渡したところなるべし」と説明されている。
出所：間宮林蔵（倫宗）口述『北蝦夷図説（一名
　　　銅柱餘録）』所収「夷製三弦及煙管図」（写
　　　本、1811 年）。国立公文書館所蔵。

村上 1990：13）。交易には、樺太アイヌ（エンチウ）、ギリヤーク（ニヴフ）、オロッコ（ウイルタ）などアムール川流域やサハリン島に居住する諸民族が大きな役割を果たした（上村 1990：9-71）。

　18 世紀末になると、松前藩が設けた北緯 50 度以南のサハリン南部の漁場や交易場所では、日本人商人が領地経営の管理運営を代行するようになり、アイヌを雇い入れて漁労を営んでいた。しかし、1855 年 2 月 7 日に「日露和親条約」が結ばれると、第 2 条の後半において「カラフト島に至りては日本国と露西亜国との間に於て界を分たす是まて仕来の通たるへし」としてカラフトでは境界線を設けないことになったため、ロシア人は南下を、日本人は北上を試みるようになった。クリミア戦争（1853 ～ 1856 年）が終結したときには、ロシアにとってのサハリンの重要性は増していた。ロシアは清国に愛琿条約を認めさせてアムール左岸を自国領とすることに成功しており、沿岸地方への進出を意図していた。ロシアの武装部隊が重装備でサハリンへ進出すると、徳川幕府が派遣した役人たちは厳重抗議したものの妥協を余儀なくされ、日露の「雑居」を追認せざるをえなかった。明治維新前夜には、「雑居」状態が続くなら、日露間の実効支配地の取り合いにおいてロシアが優越していくことは避けられない状況となった（木村 2015：49-50）。

　1869（明治 2）年に明治政府が行政区分「樺太国」を設置、これを機に松浦武四郎のあてた漢字「樺太」が普及したが（井上 2006b）、ロシア側は徳川幕府が派遣した使節団と締結した「カラフト島仮規則」（1876 年 3 月 30 日）をたてに、日本の漁場が置かれていた場所に兵営施設の建設を行い、島の各所に哨所を置いた。また、囚人を収容する獄舎を建設してロシア本土から大量の徒刑囚を送り、サハリン全土を占領する意思を示すようになった。これに対し明治政府は、まず「北海道」の開拓を急いでいたほか、新政府内で徳川幕府が結んだ「仮規則」を認めるかどうかで意見が分かれており、札幌に置かれた開拓使の大勢は「樺太放棄」に傾きつつあった。加えてロシア兵や脱走した徒刑囚による暴行や強盗、殺人といった犯罪による被害が引きも切らない状況におされ、サハリン島放棄という結論に至る（木村 2015：51）。1875（明治 8）年 5 月 7 日、「千島・樺太交換条約」調印により樺太全体はロシア領となった。

　千島・樺太交換条約により、ロシアは本格的にサハリン島を「監獄の島」
とし、囚人労働による石炭採掘など資源開発にはずみをつけた（木村 2015：
59）。1879 年以降は、義勇艦隊社の蒸気船によって、またシベリアからニコラ
エフスク経由により囚人が次々と送り込まれ、1882 年までに島の人口は 5,600
名（先住民を含む）に達していた。このうち 60 パーセントは囚人あるいは国
外追放者であったが、サハリンにおける監獄の収容人員は 2,400 名にすぎず、
開拓集落の建設が課題となった。こうして開かれた集落の最初期のものが、ウ
ラジーミロフカ村（後のユジノサハリンスク：豊原）であった。ウラジーミロ
フカという名称は、当時の南部サハリン（コルサコフ）管区長官であったウラ
ジミール・ヤンツェビッチ少佐に由来するとされる。彼はポーランドの貧しい
貴族の末裔で、カトリック教徒であったという（井澗 2004：47、註 7）。

　ピウスツキは 1887 年 8 月にサハリンへ流刑され、北部のルィコフスコエ村
（現在のキーロフスコエ）の監獄に収監され、懲役囚に科される通常作業に従
事した。少し遅れて 1890 年にアントン・チェーホフがシベリアを経由してサ
ハリン島を訪れ、囚人の実態調査にあたった。記録文学『サハリン島』におい
て、チェーホフはルィコフスコエ村とその地の監獄に触れている。さらに同
書において、ウラジーミロフカ村から少し離れたところに建設された「坊さん
小屋」と呼ばれる集落（現在のノボアレクサンドロフスク）について風変わり
な地名の由来を説明した上で、ただし「移住囚自身は、自分らのこの村をまた
『ワルシャワ』とも呼んでゐるが、それはこゝに大勢のカトリック教徒がゐる
からである。」（チェーホフ 1953：231）と述べている。

　帝国本土のロシア人（いわゆる大ロシア人）が正教徒であるのに対し、ポー
ランド人は主にローマ・カトリックを信仰するとされ、カトリック信仰は 19
世紀末から 20 世紀初頭にかけての世紀転換期に民族主義的なポーランド独立
運動の重要な要素となっていく。ここでチェーホフが記した集落名「ワルシャ
ワ」からは、ロシア支配下においてサハリンへ送られたポーランド人が一定数
存在し開拓に従事していたこと、ロシア語が主に用いられる遠隔地にありなが
ら、ポーランド人としての意識を維持していた様子がうかがえる。チェーホフ
が記録したこの集落の住民数は 111 名であった。

2.　ブロニスワフ・ピウスツキの前半生 ― 思想と行動の歴史的背景 ―

　本節においては、祖国ポーランドの歴史をふまえて、サハリン流刑までのピウスツキの半生をたどる。異動については、井上（2013）とヤレムチュウク（2013）に依拠した。

　ブロニスワフ・ピウスツキは、1866 年 10 月 21 日、現在のリトアニアにあるヴィルノ県ズーウフにポーランド貴族の長男として生まれた。父ユゼフは複数の領地と製材所、松根油工場を所有していた。ブロニスワフには 2 人の姉がおり、1 歳上のゾフィアとは特に親しかった。また、1 歳下に弟ユゼフがおり、その下にさらに 8 人の弟妹がいた。ブロニスワフが生まれたのはロシア支配下のポーランドにおける最大規模にして最後の武装反乱であった一月蜂起（1863 ～ 1864 年）が鎮圧されて間もない時期であり、ロシアの対ポーランド政策は妥協的な態度から抑圧に転じていたが、文化的・政治的な活動の制約下にあってなお子どもたちは家庭において母親から熱心な愛国主義教育を受けた。

　ポーランドは 17 世紀には現在のリトアニア、ベラルーシ、ウクライナに及ぶ地域を領土に持つヨーロッパの大国、ポーランド＝リトアニア連合王国であった。広範な領域が示すように、王国には民族的・宗教的に多様なマイノリティが暮らしていた。ユダヤ人に関して言えば、13 世紀以降、君主によりさまざまな特権を認められ、14 世紀半ばにはカジミエシュ 3 世によってユダヤ人の生命と財産の保護、経済活動と信仰の自由がポーランド全土において保障された。1388 年にはリトアニアのユダヤ人も同様の特権章典を獲得した（ロス 1966：192）。16 世紀にはこうした保護をもとに、カハウと呼ばれる自治共同体が各地に設立され、それらを結ぶネットワークにより自治が形成された。ユダヤ人は独自の司法・警察・行政権を備え、貴族や都市民、農民といった身分とは別に、独自の法規制の対象区分となっていた（ティフ 2006：66）。

　しかし、こうした多元的な社会の構造は、18 世紀後半に大きく変化する。ロシアがポーランドの王位継承に介入したのを契機に、ロシアとプロイセンにより第一次ポーランド分割が行われ（1772 年）、さらにオーストリアが加わっ

て第二次分割（1793 年）がなされ、最終的に 1795 年の第三次分割によりポーランドは地図上から消滅した。分割支配に対する抵抗運動は武装反乱の形をとって繰り返されたが、いずれも鎮圧された。

　十一月蜂起（1830 〜 1831 年）に際し、ワルシャワを陥落させたロシアのイヴァン・パスケヴィチ将軍は、報復政策として蜂起の首謀者を処刑ないしシベリア流刑とし、領地や財産の没収、左遷、大学閉鎖の措置をとった。これ以降、迫害を恐れたエリート層を中心に大規模な亡命が起こり、約 1 万人にのぼるポーランド人がフランスやイギリス、ベルギー、オスマン帝国、アメリカなどへ移り、さまざまな祖国復興活動の場が生まれた（渡辺 2017：59-60）。パリを拠点とした亡命者のサロンには、国民的詩人であるアダム・ミツキエヴィチがいた。フレデリック・ショパンとの友情でも知られるミツキエヴィチは、リトアニア出身のポーランド貴族であり、大叙事詩『パン・タデウシュ』（1834 年）に故郷への追想とポーランドが独立を回復する望みを描いた。しかし、亡命者たちの愛国主義やポーランド革命の夢が現実離れしていく一方で、本国の状況は閉塞していた。

　1874 年、ピウスツキ一家の領地ズーウフは大火に見舞われ、屋敷はほぼ全焼した。これを機に家族はヴィルノ（現リトアニアの首都ヴィリニュス）へ引っ越し、ブロニスワフはヴィルノ第一ギムナジウムに入学する（1877 年）。そして生徒たちが組織する非合法の自主教育サークル「スプイニャ」に参加し、ダーウィンやスペンサーといった書物を講読して議論したほか、ポーランドの歴史、特に一月蜂起の歴史を学んだ。さらに展開して「社会主義の諸理念」や「愛国主義は新しい生活の道徳的基盤」たりうるか、また、他の諸民族を抑圧することなくポーランド人としてのアイデンティティを保持し文化を維持できるか、といった問題を議論した。

　1884 年 8 月には母マリアが亡くなり、翌年ピウスツキは家族の元を離れてペテルブルク第五ギムナジウムに進級した。1886 年 7 月には、ペテルブルク大学法学部へ入学する。1887 年冬にはクリスマス休暇を家族とともにヴィルノで過ごし、第 1 学期を良好な成績で終えた。しかし、休暇を終えて戻ったペテルブルクにおいて、皇帝アレクサンドル 3 世暗殺計画に関与したとして拘束

される。逮捕の理由は、ブロニスワフのアパートにアレクサンドル・ウリヤノフ（ウラジーミル・レーニンの兄）ら「人民の意思」党のメンバーが集まり、暗殺計画を立て声明文を印刷した、というものだった。ブロニスワフを含め15名の被告全員に死刑が宣告された。

　1887年4月23日、皇帝の特赦により10名が減刑された。ブロニスワフは懲役15年とサハリン流刑に減刑となった。5月8日、アレクサンドル・ウリヤノフら5名の死刑囚に対して、シュリッセルブルグ要塞で絞首刑が執行された。同月27日、ブロニスワフを乗せた護送列車はペテルブルクを出発し、モスクワを経由してオデッサ港から義勇艦隊社の蒸気船「ニージニ・ノヴゴロド」号でサハリン西海岸へ向かった。そして8月3日にアレクサンドロフスク哨所に入港、ルィコフスコエ村の監獄へ徒歩で護送され、4日後に目的地に到着した。

3.　少数民族研究と自治の提言

　サハリンにおいてピウスツキは流刑囚として樹木の抜根作業や教会の建設に従事し、家畜の飼育係も務めた。後には監獄事務部や気象観測所に勤務する。家族を伴って赴任した役人のなかには子どもたちへの個人授業をピウスツキに頼む者がおり、そこから謝金を得て個人住宅に間借りして暮らすことができるようになった。

　1887年末までに、ピウスツキはルィコフスコエ監獄があるティミ川上流部に暮らすギリヤークたちと交流を始めた。植民地体制への従属を余儀なくされたギリヤークの境遇に、故郷がロシア帝国に併合されたこと、帝政に対する抵抗を理由に流刑囚となった自らの境遇を重ね合わせ、共感や同情、親しみを持ったとされる（高倉・井上2018：ix）。

　1891年には、やはりペテルブルク大学在学中に革命運動に関わって流刑されたリェフ・シュテルンベルグと出会い、ギリヤークの言語や文化を協力して調査することとし、文化人類学の道を歩み始めた。民族学における第1論文

「樺太ギリヤークの困窮と欲求」（1898年）の序盤において、ピウスツキは次のように述べている。

> 歴史が我らに教えるところによると、万国の植民は多少とも暴力的に推進されてきた。奪取される土地の古来の民の希望は、お目こぼし的に配慮されるか、はたまた皆目斟酌されることがなかった。……
> 彼らからは、島の植民に必須の要件を担保するべく土地が略取されてゆくが、それは原住民にとって極めて辛いことである。彼らは、これらの必須措置をおとなしく受け入れ、島の植民活動が年ごとに拡大・強化されるにつれて、住み慣れた己の故地を次第に手放してゆく。

本章の第1節において述べたように、近世以降サハリンは日露両国の競合の場となったが、先住する諸民族にとっては自分たちの生活実態と関係のない次元において領土の所有国が争われ、帰属先が決められることとなった。また、支配体制の方針に応じて従来の生活様式や居住場所の変更を余儀なくされた。こうしたサハリンの先住民の経験については、ピウスツキ自身の半生や、独立国家としての地位を失い、領土と社会に分断線を引かれて、言語も法も異なる3つの社会・国家への適合を強いられたポーランドの歴史をふまえて、実感を伴う理解がなされているものと考えられる。

同時にピウスツキは、この論文において先住の人々を純朴無垢な被害者、受動的に追いやられるだけの存在としては描いていない。帝国の進出以降、ギリヤークがどのように生活を立ててきたのかについて、次のように述べている。

> 植民活動とそれが追求する課題が猛威を奮うときですら、ギリヤークは己にとって頗る有害であっても、国家利益を追求する目的をひたすら支え続けたことは認めねばならぬであろう。

そして、例を挙げて「島の僻遠・懸隔の地やシベリア大陸との連絡」において行政当局を助け、「樺太島の逃亡囚の被害から近隣諸地区を守り続けて、極めて頼もしい最精鋭の島の衛兵を務め」たり、「島の各地へ派遣される学術遠征隊や踏査隊に、原始林における優秀な道案内として、また舟行する折は経験豊かな水先案内兼漕ぎ手としても協力」して、「政府に重要な奉仕を提供」した

のは「異族人、とりわけギリヤークら」にほかならない、と指摘している。

　支配者であり搾取者であるロシア帝国のサハリン進出に、ギリヤークは「無意識ながらも自己犠牲の精神を発揮しつつ」貢献してきたとし、その点を鑑みるようにピウスツキは主張する。さらにギリヤークの生活実態が貧困に窮していること、ただしその原因が一般に言われているように彼ら自身の怠惰によるのではないことを強調し、漁業の繁忙期における共同体全員のめざましい働きぶりを描きつつ、ギリヤークの投網漁の最適地が「より強力で人口も多い入植者」や開墾者によって奪われ魚が得られなくなったこと、魚の不足分を補うために肉性食料が必要であるが、熊やトナカイ、毛皮獣の捕獲が、ロシア人の到来による森林の破壊により減少している現状を説明する。

　また、かつては毎日食べ続けても越冬できるほど大量に備蓄していた各種の苺や苔桃、乾燥保存していた 行者大蒜や花独活、姥百合の根も森林伐採により入手できなくなったと付言する。島の自然条件の 芳 しくない変化が不利益をもたらしているのに加え、「より文化的な渡来民との接触」は、食器や石鹸、灯油ランプ、馬鈴薯、パン、塩といったものの消費欲求に現地民の心を向かわせ、高価な銃や火薬、弾丸、散弾が手製の弓矢に取って代わっている、と貧困を加速させる要因を指摘している。

　ピウスツキは狭義の観察者の立場を超えて、ギリヤークと入植者およびロシア政府との関係を調整する視点を持ち、調査の成果に基づいて先住民の境遇を代弁しつつ、その生存を容易にする方策を提言した。実際に住民を説得して馬鈴薯を栽培させ、食料や収入を安定的に得られるよう試みている。また、魚の塩蔵加工を推奨して、完成品の質の良さを行政に認めさせた。この手法は後に樺太アイヌとの関わりにおいても応用された。

おわりに

　ピウスツキは一般にアイヌ研究者として知られるが、その研究の基礎にあったのは、多元的な社会構造が競合する諸帝国により分割・併合されて大きな変

化をこうむったポーランドの歴史であり、自らが体験した異文化帝国による支配の実態であった。また、サハリンや日本の住民からは、まず流刑囚として、後にはロシア語を用いる民族学者として、「ロシア人」と呼ばれた。国籍上ロシア帝国に帰属していたのだから誤りではないが、彼は訂正を試みている。ピウスツキ自身が帝国に取り込まれまいとする被支配者（ポーランド人）でありながら、ロシア語やドイツ語で論文を書き、信頼を得た先住民の人々の内情を支配帝国に翻訳し提供する立場にあった。「異族人」を文明を知らない「赤子」「子ども」ととらえ、ギリヤークら「異族人」がロシアの中で生存できるよう教育し支援する。それは同時に、独自の言語や文化の変容を促進する行為でもあった。第1論文「樺太ギリヤークの困窮と欲求」で指摘した、ギリヤークが体制協力に参与していく構造は、自らの行為の矛盾に気づいたうえでの記述であったろう。

　1905年に起草した「樺太アイヌ統治規定草案」において、ピウスツキは、樺太アイヌら先住する諸部族が「あまたの個別的特殊性を有するから、この点も顧慮すべき」とし、郷長は「なるべく異族人の仲間内から採用すべし」、「争議の調停、一般刑法・民法の適用から除外されて、慣習法に則り審理される諸案件の審議」をすべきこと、死生観に鑑みて「すべてのアイヌは兵役が免除さるべし」と提案している。

　「我らとは全く異なる世界観、独特な習慣を具える『原始』文化」の人々と首尾よく関わる方法を模索するピウスツキの行為には、後世の目からすれば多くの矛盾があり、また文化資料の採集手法に関し批判されるべき部分がある。しかし、先に旧ポーランド＝リトアニアにおいて実践されていた宗教的少数者の自治の例を彷彿とさせる、先住民自身が意見を反映できる自治共同体の形成や、従来の信仰・価値観の保持、独自の法規制を通じて、サハリンにおける状況の改善を意図していた様子がうかがえる。

引用・参考文献一覧
赤尾光春・向井直己（2017）『ユダヤ人と自治：中東欧・ロシアにおけるディアスポラ共同体の興亡』岩波書店。

秋月俊幸（1994）『日露関係とサハリン島：幕末明治初年の領土問題』筑摩書房。

朝倉利光（2013）「古蠟菅レコード資料からの音声再生」井上紘一編『『ポーランドのアイヌ研究者ピウスツキの仕事：白老における記念碑の序幕に寄せて」研究会報告集』北海道ポーランド文化協会・北海道大学スラブ研究センター、31-46 ページ。

井澗裕（2004）「ウラジミロフカから豊原へ：ユジノ・サハリンスク（旧豊原）における初期市街地の形成とその性格」北海道大学スラブ研究センター編『ロシアの中のアジア／アジアの中のロシア』（「スラブ・ユーラシア学の構築」研究報告集 no. 5）、45-64 ページ。

井上紘一（2013）「ブロニスワフ・ピウスツキ年譜」井上紘一編『『ポーランドのアイヌ研究者ピウスツキの仕事：白老における記念碑の序幕に寄せて」研究会報告集』北海道ポーランド文化協会・北海道大学スラブ研究センター、63-76 ページ。

井上高聡（2006a）「カラフト古地図と古地図研究」『北大樺太研究の系譜 ： サハリンの過去・現在・未来：北大創基 130 周年記念：北海道大学総合博物館企画展示図録』北海道大学総合博物館、65-66 ページ。

井上高聡（2006b）「『サハリン』と『樺太』」『北大樺太研究の系譜：サハリンの過去・現在・未来 ： 北大創基 130 周年記念：北海道大学総合博物館企画展示図録』北海道大学総合博物館、67 ページ。

上村英明（1990）『北の海の交易者たち：アイヌ民族の社会経済史』同文館。

木村崇（2015）「日口におけるナショナリズムと初期相互イメージの共起的生成：同時代人二葉亭四迷とチェーホフの言説をてがかりに」五百旗頭真・下斗米伸夫・トルクノフ，A.V.・ストレリツォフ，D.V. 編『日口関係史：パラレル・ヒストリーの挑戦』東京大学出版会、45-71 ページ。

沢田和彦（2013）「はじめに」沢田和彦編『ポーランドの民族学者ブロニスワフ・ピウスツキの生涯と業績の再検討』埼玉大学教養学部・文化科学研究所、7-11 ページ。

沢田和彦（2019）『ブロニスワフ・ピウスツキ伝：〈アイヌ王〉と呼ばれたポーランド人』成文社。

高倉浩樹監修・井上紘一訳編（2018）『ブロニスワフ・ピウスツキのサハリン民族誌：二十世紀初め前後のエンチウ、ニヴフ、ウイルタ』。

チェーホフ、中村融訳（1953）『サハリン島』上巻、岩波書店。

ティフ，フェリクス、阪東宏訳（2006）『ポーランドのユダヤ人 ： 歴史・文化・ホロコースト』みすず書房。

マイェヴィチ，アルフレト、井上紘一訳、井上紘一編（2013）「なぜだろうか：白老でブロニスワフ・ピウスツキの記念碑が除幕されるわけ」『『ポーランドのアイヌ研究者ピウスツキの仕事：白老における記念碑の序幕に寄せて」研究会報告集』北海道ポーランド文化協会・北海道大学スラブ研究センター、7-14 ページ。

ミツキェヴィチ，アダム、工藤幸雄訳（1999）『パン・タデウシュ』講談社。

間宮林蔵述・村上貞助編、洞富雄・谷沢尚一編注（1990）『東韃地方紀行』平凡社。

宮澤賢治（1995）「サガレンと八月」宮澤賢治『校本宮澤賢治全集』第 9 巻、筑摩書房、10-15 ページ。

山岸嵩（1987）「よみがえった《ロウ管》」木下順二他監修『新版中学国語 2』教育出版、196-212 ページ。

ヤレムチュウク，アナスタシヤ、井上紘一訳、沢田和彦編（2013）「ロシアの偉大なポーランド人」『ポーランドの民族学者ブロニスワフ・ピウスツキの生涯と業績の再検討』埼玉大学教養学部・文化科学研究所、13-30 ページ。

ロス，シーセル、長谷川真・安積鋭二訳（1966）『ユダヤ人の歴史』みすず書房。

渡辺克義（2017）『物語ポーランドの歴史 ： 東欧の「大国」の苦難と再生』中央公論新社。

Sawada, Kazuhiko and Inoue, Koichi eds., (2010) *A critical biography of Bronisław Piłsudski* (Saitama), vols. 1-2.

【多文化共生への挑戦】

第 **6** 章

多文化共生社会の実現を目指した外国人政策
― 外国人を対象とする法教育の試み ―

金　鉉善・佐藤　香織

は じ め に

　グローバル化は、われわれの生活においてさまざまな「移動」をもたらしている。言い換えると、「ヒト」「モノ・カネ」「情報」の移動により、われわれは、余儀なく変化に対応していかなければならない状況に置かれている。上野（2011：18）[1] は、「人の移動は、国境に阻まれてもっとも動きが遅い。にもかかわらず、90年代は東西冷戦終了に伴って、東側諸国から西側諸国への大規模な人の移動や内戦にともなう膨大な難民人口をもたらした」と述べている。加えて、いわゆる先進国といわれている国々では少子高齢化の進展による労働力不足を解消するために、さまざまな政策のもとで外国人を受け入れていることから、ヒトの移動はさらに激しくなっているといえよう。このような状況は、日本社会においても例外ではない。少子化、そして高齢社会を超えて超高齢社会に突入している日本社会では、とりわけ労働力不足が国家レベルの重要な課題として取り上げられている。

　さまざまな要因によりヒトの移動が激しくなっているなか、それがもたらす変化にどう対応するのか。世界各国が政策立案に苦悩している。ヒトの移動により多文化化される社会 [2] では、内なる分裂ないし外なる分裂 [3] や排

外主義[4] が見られる。ドイツのメルケル首相は、「多文化社会形成の取り組み（Attempts to build a multicultural society）はまったくの失敗であった（utterly failed）」「いわゆる『多文化主義』のコンセプト（幸せにともに生きる）は機能していなかったし、移民らは（ドイツ語を学ぶことを含めて）ドイツ社会にもっと統合（integrate）すべきである」と述べた[5]。

　日本社会でも、グローバル化にともなうヒトの移動が激しくなっている。2018年12月時点の日本における外国人登録者数は273万1,093人で（政府統計の総合窓口 2018）、日本の総人口の約2パーセントを占めている。この数字を多いと捉えるか少ないと捉えるかは別として、日本の総人口が減っていくなかで外国人の人口が増え続けていくことは明らかである。「外国人労働力受け入れ政策」[6] および「留学生受け入れ政策」[7]（本章において、両者について合わせて述べる場合は「外国人政策」という）のように、日本政府が自ら受け入れたヒトの移動であるにもかかわらず見落とされがちなのが、いまだに受け入れられていない（ないし受け入れられなくなった）ヒトの存在である[8]。例えば、1989年「出入国管理及び難民認定法」の改正により「定住者」という新しい在留資格で受け入れられた「日系人の子孫（三世まで）」は、リーマンショック時には「帰国支援事業」の対象になり「都合の良い働き手」として扱われ[9]、受け入れられなくなったヒトとして認識されるようになった[10]。

　本章では、ヒトの移動を中心とした日本の「外国人政策」において今後重要になってくると考えられる、外国人を対象とする法教育について述べる。これまでの外国人政策の多くは、外国人の出入国管理に関わるものであった。定住する外国人が急増するなか、ようやく外国人政策の要として「生活者としての外国人」[11] に対する日本語教育の必要性がこれまでよりも重要視されるようになってきたが、日本政府が掲げている「多文化共生社会」の実現のためには、日本語教育の充実だけでは不十分である。お互いの慣習や価値観を尊重し合い、共生のためのルールをともに考えていくことができるような、法教育の観点からのアプローチも必要であろう。

　そこで、多文化共生社会実現のために、これまでの日本語教育や異文化間教育のなかではどのようなアプローチが取られてきたのかを概観し、その問題

点を指摘する（第1節）。次に、本章で提案する、外国人を対象とした新しい法教育の概要を提示する（第2節）。最後に、外国人を対象とする法教育の一例として、大学における外国人留学生を対象とした法教育の実践について報告し、そこから見えてくる課題をまとめる（第3節）。

1.　日本語教育や異文化間教育における「多文化共生」の取り組み

（1）　日本語教育における対話的問題提起学習

　日本語教育においては、岡崎・西川（1993）が提案し、その後、半原（2007）、野々口（2010）等多くの実践が行われている「対話的問題提起学習」がある。この「対話的問題提起学習」が多文化共生社会の構築に寄与するという指摘がある（野々口 2010）。野々口は、「多文化共生社会の構築には対話能力が欠かせず、対話能力の養成が言語教育の重要な目標となる」と述べ、「対話を通して、共生のための新たな環境作りに、社会を構成する母語話者と非母語話者が協力して取り組む」ことを重視している。しかし、「異なる言語文化を持つ成員が互いに向かい合い、問題を共有することは容易ではない」ため、対話の成立には「他者の枠組みを否定しない姿勢」が必要であるとしている。

　野々口が研究対象とした地域日本語教室では、対話のトピックは「自分たちの困っていること」を「家族」「男女関係」「職場・学校」「将来」「コミュニケーション」「その他」のテーマ別にタスクシートに記入し、このうちのどれについて皆で話し合うかを教師が学習者それぞれに選ばせ、教師を含む非母語話者3名と、母語話者2名の計5名で対話活動が行われた。この結果、対話をとおして「新たな視点や枠組み」を得て、「各々が自分の問題として捉え直していく」ことが可能になったという。

（2）　異文化間教育における異文化間協働学習

　西岡・八島（2018）は、「多文化共生社会において、多様な文化背景を持つ人々と共生・協働する力（知識・技能・態度）」を「異文化間能力」とし、接

触仮説 [12] による交流・協働学習 [13] が参加者の異文化間能力を向上させたと主張している。

　具体的には、大学での日本人学生と留学生との合同授業において「共通目標による協同作業」を特に意識し、問題解決型の少人数のプロジェクトワークに取り組ませた。結果として、コース後半に「私たち」「仲間」という言葉を多くの学生が発するようになり、学生たちが「一つの内集団としての意識を深め、共通内集団アイデンティティを獲得していった様子がうかがえる」と述べている。さらに、ある日本人学生の「ワークが進むうちに、文化の枠を超えて互いに尊重し合えるようになり、プロジェクトをよくするため自分はどうすべきか考えるようになった」というコメントを紹介し、「小さな多文化共生社会が誕生していた様子がうかがえる」と述べている。

（3）　何を対話・協働するべきか

　日本語教育においても、異文化間教育においても、多文化共生社会実現のためには、「対話」および「協働学習」が重要であることが上述のように指摘され、多くの実践活動が行われてきた。しかし、このような実践において、何を「対話」「協働」するかは多くの場合恣意的である。「生活者としての外国人」の立場からは、彼らにとって緊急性・重要性の高いトピックこそ優先的に取り上げられる必要があるのではないだろうか。

　園田（2010）は、群馬県における外国人相談の現状と課題について、外国籍住民の抱える問題が非常に専門的な背景知識を必要とするもの（労働問題、離婚問題等）があることや、2009 年の入管法改正など外国籍住民にとって重要な制度変更に関する相談事例が多くなってきていることなどを指摘している。このことからも、「生活者としての外国人」にとって、「日本での権利や義務」「地域コミュニティーでの慣習やルール」といった法的なトピックについて理解を深めることは非常に重要であると考えられる。このようなトピックについて、一方的に外国人に「教え込む」のではなく、法的なものの見方や考え方に基づいて外国人・日本人双方で「対話」「協働」するような活動を行っていくことが今後は必要である。

2.　外国人を対象とする法教育の提案

　第1節で述べたように、「生活者としての外国人」には、これまでの日本語教育的なアプローチに加え、法的な考え方を理解するための機会を提供することが重要である。具体的な方法として、本節では外国人を対象とする法教育の実践を提案する。

（1）　法教育とは

　法務省によると、「法教育とは、法律専門家ではない一般の人々が、法や司法制度、これらの基礎になっている価値を理解し、法的なものの考え方を身につけるための教育」であるとする[14]。法教育フォーラムも、法教育を、「法律専門家でない人々に対する、法に係わる基本的な知識、考え方、さらにはそれに必要な技能等の教育」であるとする[15]。日本弁護士連合会は、「子どもたちに、個人を尊重する自由で公正な民主主義社会の担い手として、法や司法制度の基礎にある考え方を理解してもらい、法的なものの見方や考え方を身につけてもらうための教育」を法教育であるとする[16]。日本司法書士会連合会における法教育とは、「一般市民の誰もが身につけておくべき基礎的な法的リテラシーを養成する教育」であるという[17]。

　このような定義から考えると、「法教育を受けるべき対象」はその主語が「法律専門家ではない一般の人々」「子どもたち」「一般市民」であることから、いわゆる「非法律専門家」であるといえるが、実際には「小中高生」がその主な対象となっているのが現状である。そこで、筆者らは、「法教育を受けるべき対象」を「外国人」にまで広げ、多文化共生社会実現のための外国人政策のなかに位置づけることを提案する。

（2）　法教育の担い手は

　まずは、子どもを対象とする法教育について考える。金（2018）は、日本社会のグローバル化にともない、小中高において外国にルーツを持つ子ども

たちが増加していることに着目し、多様性に対応できる人材育成のための法教育の必要性と、その担い手として最前線にいる学校教員の役割の重要性を強調している。同時に、学校教員は、上記の法教育の定義でいう「非法律専門家」にも該当するため、法律専門家との連携が必要不可欠であることを指摘している。さらに、志水（2003）は、多文化社会における教育の重要性を強調し、そのカギとなるのは「教師の態度」であると述べている。すなわち「ホストとしての教師の意識が変われば、驚くほど多くの新しいことを日本の教室で展開することが可能」であり、「異質性をノイズとしてではなくリソースとして位置づけること」や「ちがいを力にしていくこと」により、教室の新しい姿が誕生するだろうとしている。

　これらの指摘は、本章が提案する、外国人を対象とする法教育においても例外ではない。すなわち、多文化共生社会実現のための外国人を対象とする法教育において、その最前線にいるのは、日本語教育に関わる教師であろう。しかし上記の学校教員と同様に、日本語教育に関わる教師も、法教育の担い手であると同時に「非法律専門家」であることを認識しなければならない。

　したがって、法教育の担い手として重要性を増している学校教員ないし日本語教育に関わる教師に対する法教育およびその支援が必要不可欠であろう。学校教員ないし日本語教育に関わる教師の養成課程においては、法教育を学ぶ機会を提供すること、すなわち教員養成課程における法教育を取り入れたカリキュラムの編成が求められる。そして、現職の学校教員ないし日本語教育に関わる教師に対しては、法律専門家との定期的な交流会ないし勉強会などの連携が求められる。

（3）　何をどのように行うべきか

　山西（2013）は、エンパワーメントの視点から見た日本語教育において、「地域多言語・多文化教室」の開設を次のように提案している。

　　　学び手は外国人住民だけでなく地域住民全員が基本的にその学習の当事者となることが想定され、また日本語を含む多言語・多文化をめぐる学びを作り出す教

室・教育へのニーズが今後より高まっていくことが想定できる。

　　日本語教育・多文化教育・異文化間教育・開発教育・国際理解教育などにこれまで関わってきた関係者が、それぞれの領域での実践と研究を深めつつも、新たに共同しながら、地域での生涯学習の一つの場としての「地域多言語・多文化教室」とそこでの実践を作り出す。
　　　　　　　　　　　　　　　　　　　　　　　　　　　　　　　（山西 2013：17）

　筆者らは、そこに外国人を対象とする法教育を加えることを提案する。多様性について法教育の観点からアプローチし、お互いの異なる慣習・法文化・法背景を話し合うことによって、「生活者としての外国人」が抱えている複雑な諸問題について、外国人と日本人がともにわかり合う場ができる。このような場づくりは「多文化共生社会」構築の一助となるであろう。

　日本弁護士連合会は、「法教育によって、個人の尊重、立憲主義、自由、公正といった法の基礎となる価値を理解し、自己・他者を尊重する態度、約束や法を吟味して守る態度、事実を正確に認識し問題を多面的に分析する能力等を身につけることができたならば、人は自らの力で、トラブルや困難を乗り越え、他者と調和を図りながら、ともに生きていくことができる」という。日本司法書士会連合会は、「法の概念、法形成過程、司法制度などに関する基礎的知識や技能などの資質を身につけて、これを主体的に活用していく能力」すなわち「法的リテラシーの養成」が法教育によって期待されるという。

　なお、篠田（2016）は、名古屋大学日本語教育研究センター（以下「CLJ」という）の取り組みにおいて、「法教育と日本語教育とのアーティキュレーション」の観点から、次のような提案をしている[18]。

　　　法教育を活用した法的リテラシー、すなわち①公正に事実を認識し、問題を多面的に考察する能力、②自分の意見を明確に述べ、また他人の主張を公平に理解しようとする姿勢・能力、③多様な意見を調整し、合意を形成したり、また公平な第三者として判断を行ったりする能力の育成。

　このように、法教育によって期待される効果としては、外国人および日本人が法的なものの見方や考え方を身につけることによって、自分の意見を明確に伝えたり他人の主張を公正に理解したりすることであり、そこから自分と他者

との関係に向き合うきっかけが得られることである。

3.　外国人留学生を対象とする法教育の実践および課題

（1）実　　践

　筆者らが所属している北海道教育大学教育学部函館校では、留学生向けの「中上級　日本語Ⅱ」の授業 [19] において、日本の法事情に関する講義を2回行い、そのなかで外国人留学生を対象とする法教育を試みた。

　第1に、『としょかんライオン』という絵本から「ルールやきまりの必要性」および「自分と他者との関係」について議論を行った [20]。この物語の一部を紹介すると、以下のとおりである。

> 　ある日、図書館にライオンが入ってきた。私たちと異なるライオンにも図書館を利用させるべきか否か。館長は、ライオンが図書館のきまりを守っているようであれば、そのままにしなさいという。

　ここから、①共同体におけるルールやきまりの必要性について話し合い、②そのルールやきまりを守るために（あるいは守らせるために）は、そもそも共同体にどのようなルールやきまりがあるのかについて共有する必要があることを確認し、③最後にはライオンの立場と図書館にいる人々の立場から「自分と他者との関係」について省察した。

　第2に、国や文化によって法事情が異なることを留学生自らが認識することを試みた。とりわけ、日本民法における成年年齢の条文を確認し、そこから「お酒は何歳から？」「タバコは何歳から？」「運転免許は何歳から？」といった留学生の生活にも関わる身近な事例を取り上げて、①留学生の出身国の法事情（慣習を含む）についてお互いに情報を共有し、②自国の法律と日本の法律が異なるとき、どの法律が適用されるかを確認した。

　授業実施後のアンケートでは、「『としょかんライオン』の物語をとおして自分は自国に来ている外国人に対してどのように向き合ってきたか、そしてこ

れからどのように向き合うべきかについて考えた」との意見があった。このことから、本章が提案する法教育のねらいともいえる、自分と他者との関係を考える契機を生み出したといえよう。そして、日本および留学生の出身国における成年年齢や飲酒可能年齢などについて話し合うことによって、「ほかの国の成年年齢に関する発表を聞いて、韓国の法律と違うことがわかりました」「この授業を受ける前に法律について真剣に考える機会がほとんどありませんでした。しかし、直接にいろいろな方面で解釈できる法律の条項を見て、さまざまな国の学生と一緒に話しながら考えを広げることができました」「自分の国やアラスカ州のことを調べてみたいと思いました」との意見があり、国や文化によって法事情が異なることを留学生自らが認識できたといえよう。

（2）　これからの法教育の課題

　現在、法教育に関する法整備がなされていないことから、地域や学校現場によって、法教育の内容やカリキュラムが異なっている。法教育の実践を浸透させるため、何をどこまで、どのように進めるかについての議論が急務である。

　園田（2010）の指摘のように、外国籍住民の抱える問題は労働問題や離婚問題といった非常に専門的な背景知識を必要とするものが多い。したがって、本章で提案する法教育は、当事者である外国人本人、日本語教育に関わる教師および法律専門家の連携のもとで行わなければならない。

　さらにこのような労働問題や離婚問題のもう一方の当事者は日本人である場合が多いため、ともに受ける法教育の場づくりが求められる。この観点から考えると、山西（2013）による「地域多言語・多文化教室」は、注目に値する。外国人住民のみならず地域住民全員を学び手としているからである。しかし、法教育に関する法的措置[21] ないし多文化共生社会に関する法的措置[22] がないままでは、地域や学校現場による格差が生じるであろう。このような格差を生じさせないためにも、法教育についての関連法整備が必要である。

おわりに

　グローバル化による「ヒト」の移動、そしてそれにともなう変化が激しくなっているなかで、少子高齢化を迎えている日本は、労働力不足を解消するために、外国人政策を広げざるをえない状況にある。

　本章では、これまでの外国人政策において、ほぼ論じられることのなかった「外国人を対象とする法教育」の必要性と、その関連法整備の必要性を中心に述べてきたが、その背後には、日本の外国人政策における根本的な問題が存在している。それは、日本政府による外国人政策における明確かつ統一的な枠組みの提示がなされていないことである。例えば、外国人技能実習制度における「先進国から開発途上国等への技術伝授」という建前と「労働力不足の解消のための単純労働者の受け入れ」という本音の歪（ゆが）みから生じる問題、「留学生10万人計画」から現在の「留学生30万人計画」に続く「出稼ぎ留学生」の課題、および単発的に行われている「日系人の受け入れ」から生じている「都合の良い働き手」といった人権問題などが挙げられる。すなわち、さまざまな政策が場当たり的に行われていることや、そのなかで政策の目的が時代によって変化しているにもかかわらずメスを入れない状況が続いているのである。このことは、問題の解決を困難にし、状況をさらに複雑化させることになろう。日本政府は、これらの現状にしっかりと向き合い、日本社会が何を求めるのかを議論の俎（そじょう）上に載せ、それを反映した明確かつ統一的な外国人政策の枠組みを提示すべきである。

　日本に先駆けて外国人受け入れ政策を拡大しているドイツにおいても、冒頭で述べたように、多文化共生社会への取り組みはまったくの失敗であったというほど、異なる文化を持つ成員同士が互いに向き合う社会を構築することは、困難かつ複雑であり、長期的な視点と忍耐が必要とされる。しかし、避けて通れない問題である以上は、外国人の受け入れについて正面から向き合い、日本人と外国人がお互いに問題を共有していくことが求められる。なお、政策作りにおいても、当の外国人の意見を取り入れることは重要であろう。その準備作

業としても、本章で提案する法教育は必要不可欠である。

注

1)　さらに「グローバリゼーションとは、情報・貨幣・財・労働力の国際移動の大規模な増加とそれに伴う国内外の秩序の再編過程をいう」（上野 2011：18）とする。

2)　多文化主義とは、「移民や民族的マイノリティが構成する複数のエスニック集団の異なった文化を尊重しながらある国民文化を創出していこうとする試みであると定義できる」（駒井 2003：20）。そして近藤（2011：119）は、多文化共生は 2000 年代において多くの自治体や総務省における総合政策を表す用語となり、共生は異なる人々の平等や参加を意味する日本語としてヨーロッパ諸国でいう「統合」に近い意味をもつが、多文化共生はカナダやオーストラリアなどの多文化主義とは必ずしも一致するものではないという。なお、両者の差異については、近藤（2019：43）を参照。

3)　内なる分裂と外なる分裂は、必ずしも区分されるものではない。アメリカのトランプ政権の誕生やイギリスのジョンソン政権の誕生は、ヒトの移動による多文化社会の政策（例えば、外国人政策）に対する内なる分裂からの結果であるともいえ、それがさらにメキシコとの国境の壁の建設や Brexit といった外なる分裂へとつながったと考えられる。なお、これらは、どの国においてもすでに存在するさまざまな分裂（ないし対立）、例えば、マジョリティとマイノリティ、健常者と障害者、正規雇用者と非正規雇用者、若年層と高齢者層、低学歴者と高学歴者といった現状と混在し、さらなる複雑な問題を生じさせている。

4)　日本における排外主義については、塩原（2019）が詳しく検討している。

5)　原文 "Attempts to build a multicultural society in Germany have ‘utterly failed’, Chancellor Angela Merkel says. She said the so-called ‘multikulti’ concept－where people would ‘live side-by-side’ happily－did not work, and immigrants needed to do more to integrate－including learning German."（BBC News "Merkel says German multicultural society has failed"（2010 年 10 月 17 日））

6)　外国人技能実習制度、日系人の受け入れ、介護分野の人材の受け入れおよび新在留資格制度の特定技能 1 号・特定技能 2 号などが挙げられる。

7)　1983 年当時の中曾根首相のもとで示された「留学生 10 万人計画」と、現在の「留学生 30 万人計画」が挙げられる。

8)　この現象は、日本に限るものではない。すなわち、最初は受け入れられた存在であったとしても、ある条件のもとで受け入れられなくなった存在へと変化する場合があり、その反対も生じうる。

9)　「定住者」という在留資格であったにもかかわらず、「制度を利用した者は 3 年間、再入国できない」という条件が付いたため、国内外から「排外的な『手切れ金制度』だ」との批判があったという（『朝日新聞デジタル』2009 年 5 月 8 日）。

10) そこから、駒井（2003）がいう「日本人との住みわけ」と「日本社会での潜在化」という2つの現象が生じているといえよう。すなわち「外国人と日本人とが接触を避けて没交渉を保持しようとする『住みわけ』」と、「外国人たちが日本社会のなかでその存在を隠蔽してしまう『潜在化』」である。そして、このような「住みわけ型や潜在化型から参加型の多文化社会への移行にあたって決定的な役割をになうものが移民二世世代である」という（駒井 2003：31-34）。

11) 2007年7月25日に、外国人の定住化傾向や社会参加の必要性の高まりを踏まえた日本語教育のあり方について検討するために設置された、文化審議会国語分科会の日本語教育小委員会で「生活者としての外国人」という表現が使われはじめ、「外国人が暮らしやすい地域社会づくり」のための対策が議論されたという（伊東 2019：2）。しかし、それに先立って、稲葉（1994）による「生活者としての外国人」というタイトルの論文が存在する。稲葉は、外国人は、「私たちと同じように普通の生活をしている人たち」であるにもかかわらず、「彼らの住宅事情は非常に厳しい。その理由はただひとつ、彼らが"外国人"だからである」と述べる（稲葉 1994：53）。すなわち、「私たちと同じように普通の生活をしている人たち」という意味から、「生活者としての外国人」が使われたと思われる。

12) Allport（1954）が提唱した、人種・民族間の偏見低減に効果的な理論。「集団間の接触は単なる偶然や皮相的な接触ではなく、対等な地位のもとで共通目標を追求すると同時に、制度的な支援によって是認され、共通の利害や人間性などに関する知覚を喚起するものである場合に効果があるとされている」（西岡・八島 2018：101）。

13) 加賀美（2016）も、接触仮説による交流・協働学習が異文化間能力を促進させることを指摘している。

14) 詳細については、法務省のホームページを参照。

15) 詳細については、法教育フォーラムのホームページを参照。法教育フォーラムは、「公益社団法人商事法務研究会が、法務省、文部科学省、日本弁護士連合会、日本司法支援センター（法テラス）等と連携し、『法教育』に関する情報の収集・発信および『法教育』の啓蒙・普及活動を行うため運営するもの」である。

16) 詳細については、日本弁護士連合会のホームページを参照。

17) 詳細については、日本司法書士会連合会のホームページを参照。

18) このCLJ教育の「最終的な目標は、CLJおよび日本の大学院で、日本語による日本法教育を受けた留学生が、母国に帰国した後、身につけた知見を活かし、新しい法案を作成し、制定された法令を運用し、または次世代の法律家を育成すること」であるため、「法教育」というよりは「法学教育」に近いといえる。しかし、篠田（2016）の提案は、教育全般に通用する指針を示していると思われるため、本章における外国人を対象とする法教育にも示唆を与えるといえよう。

19) 授業の詳細については、佐藤・高橋・金・古地（2020）を参照。

20)　この絵本を取り入れた法教育については、大村（2008）による先行研究がある。

21)　韓国には、「法教育支援法」のもとで、子どもを対象とする法教育のみならず、移民者、脱北者および外国人を対象とする法教育支援事業が行われている。詳細については、金（2019）を参照。

22)　立憲民主党は、2019 年 6 月 14 日に、多文化共生社会基本法案を提出した。この法案は、在留外国人の増加を背景に、多文化共生社会の形成に向けて、差別の禁止、日本語の取得機会の確保を国の施策として規定するものであるとする。詳細については、立憲民主党のホームページを参照。

引用・参考文献

伊東祐郎（2019）「グローバル社会における日本語教育　世界標準となるか日本の言語政策」『日本言語政策学会予稿集』第 21 回研究大会、2 ページ。

稲葉佳子（1994）「生活者としての外国人 ― 東京における外国人居住をめぐって（外国人と暮らす街〈特集〉）」『地理』39（3）、47-53 ページ。

上野千鶴子（2011）「グローバリゼーションのもとのネオリベ改革と『ジェンダー平等』・『多文化共生』」辻村みよ子・大沢真理編著『ジェンダー平等と多文化共生 ― 複合差別を超えて』東北大学出版会、17-18 ページ。

大村敦志（2008）「としょかんライオン考」『ジュリスト』1353 号、20-27 ページ。

岡崎敏雄・西川寿美（1993）「学習者のやりとりを通した教師の成長」『日本語学』12、31-41 ページ。

加賀美常美代（2016）「教育的介入は多文化理解態度にどんな影響があるか ― シミュレーション・ゲームと協働的活動の場合 ―」『異文化間教育』第 24 号、76-91 ページ。

金鉉善（2018）「グローバル社会における多様性に対応する人材育成 ― 法教育の観点からのアプローチ ―」2018 年度函館人文学会発表（2018 年 12 月 7 日）。

金鉉善（2019）「韓国における法教育の現況 ― 学校の法教育を中心に ―」『学校教育学会誌』第 23 号。

駒井洋（2003）「第 1 章　多文化社会をどう建設するか」駒井洋編著『多文化社会への道（講座 グローバル化する日本と移民問題 第 II 期 第 6 巻）』明石書店、19-41 ページ。

近藤敦（2011）「日本における外国人のシティズンシップと多文化共生」辻村みよ子・大沢真理編著『ジェンダー平等と多文化共生 ― 複合差別を超えて』東北大学出版会、119 ページ。

近藤敦（2019）『多文化共生と人権』明石書店、43 ページ。

佐藤香織・高橋千代枝・金鉉善・古地順一郎（2020）「学部授業への架け橋となることを目指した留学生科目の実践 ― 日本語教員と専門科目担当教員の連携・合同授業の試み ―」『人文論究』第 89 号、3 月刊行予定。

塩原良和（2019）「分断社会における排外主義と多文化共生 ― 日本とオーストラリアを中心

に ― 」東京外国語大学海外事情研究所『クァドランテ (*Quadrante*)』No.21。

篠田陽一郎 (2016)「日本法教育研究センターにおける現状認識と取組み：法教育と日本語教育とのアーティキュレーション」『Nagoya University Asian Law Bulletin』Vol.2。

志水宏吉 (2003)「『エイリアン』との遭遇 ― 学校で何が起こっているか」駒井洋編著『多文化社会への道（講座　グローバル化する日本と移民問題　第Ⅱ期　第 6 巻）』明石書店、99-119 ページ。

園田智子 (2010)「群馬県における外国人相談の現状と課題 ― 地域の外国人を支える外国人相談員へのインタビューから ― 」『群馬大学国際教育・研究センター論集』第 9 号、69-79 ページ。

西岡麻衣子・八島智子 (2018)「異文化間能力の変容から見る異文化間協働学習の教育的効果 ― 接触仮説とその発展理論の可能性 ― 」『異文化間教育』第 47 号、100-115 ページ。

野々口ちとせ (2010)「共生を目指す対話をどう築くか ― 他者と問題を共有し『自分たちの問題』として捉える過程 ― 」『日本語教育』144 号、169-180 ページ。

半原芳子 (2007)「『対話的問題提起学習』の実証的研究 ― 非母語話者の問題提起場面に注目して」岡崎眸監修『共生日本語教育学』雄松堂出版、143-185 ページ。

山西優二 (2013)「エンパワーメントの視点からみた日本語教育 ― 多文化共生に向けて ― 」『日本語教育』155 号、17 ページ。

ヌードセン，ミシェル (2007)『としょかんライオン』岩崎書店。

Allport, G.W. (1954) *The Nature of Prejudice,* Cambridge, MA: Addison-Wesley（原谷達夫・野村昭訳 (1968)『偏見の心理』培風館）。

Web サイト

朝日新聞デジタル「再入国禁止は『排外的』在日ブラジル人の帰国旅費支援」2009 年 5 月 8 日、http://www.asahi.com/special/08017/TKY200905070228.html、2019 年 9 月 9 日アクセス。

政府統計の総合窓口 (2018)、https://www.e-stat.go.jp/stat-search/files?page=1&layout=datalist&toukei=00250012&tstat=000001018034&cycle=1&year=20180&month=24101212&tclass1=000001060399、2019 年 9 月 9 日アクセス。

日本司法書士会連合会「法教育」、https://www.shiho-shoshi.or.jp/activity/education/、2019 年 9 月 9 日アクセス。

日本弁護士連合会「法教育（市民のための法教育委員会）」、https://www.nichibenren.or.jp/activity/human/education.html、2019 年 9 月 9 日アクセス。

法教育フォーラム「法教育とはなにか」、http://www.houkyouiku.jp/about.html、2019 年 9 月 9 日アクセス。

法務省「法教育」、http://www.moj.go.jp/housei/shihouhousei/index2.html、2019 年 9 月 9 日アクセス。

立憲民主党「多文化共生社会基本法案を提出」、https://cdp-japan.jp/news/20190614_1811、2019年9月9日アクセス。

BBC NEWS「Merkel says German multicultural society has failed」2010年10月17日、https://www.bbc.com/news/world-europe-11559451、2019年9月9日アクセス。

コラム4 ポイッとつながる世界と地域

「世界と地域をつなぐもの」と言われて、あなたがとっさに思い浮かべるのは何であろうか。最近、筆者が思い浮かべるのは、ゴミのポイ捨て抑制看板である。ここしばらく、出張先で「ゴミのポイ捨て禁止」系の看板や貼り紙などを見かけたら撮ることが趣味になっている。ゴミに取り囲まれ、文字も剥がれ落ち、看板それ自体が一番ポイ捨てされた風情を醸し出していることもある。不謹慎だと怒られそうだが、これは、ある種、究極のコミュニケーションだなあ、とおもしろい。

図1 北千住駅

一番素朴なのは、「投げ捨て厳禁」（図1）や「ポイ捨て禁止」などの主要メッセージを、どどんと文字だけで押し出している看板だ。地域住人の「ここにゴミを捨てないでくれ！」という心の叫びが、そのままフォントの大きさや色に反映されているようなものも多い。

文字だけではなく、イラストが添えられていることもある。われらが函館キャンパスの近くにある看板（図2）も、このタイプである。擬人化された水鳥が怒っていて、不法なゴミ捨てによって困っているのは人間だけではないのだというメッセージも伝わる。さすがである。少しユーモラスな雰囲気もあり、ギスギスしたポイ捨て予定者の心が和んで、ゴミの捨て場所について思い直してくれたらいいな、と筆者も思う。

図2 函館市亀田川沿い

「和ませつつ釘をさす」という意味では、お笑いの本場、大阪府ではダジャレを用いた看板（図3）を見つけた。内容に合わせてカエルのイラストも添えられていて、二重三重の意味でしゃれている。こういう洒落がわかる人は最初からゴミのポイ捨てなんてたくらまないんじゃないかしら、と心配しつつも、こういった看板なら、街の景観や雰囲気を壊

図3　大阪府茨木市
　　　道路横

すこともなくメッセージを主張することができそうだ。感心する。

　さて、ここまで紹介してきたのは、いずれも日本語がわかる人たちを対象としたものばかりである。最近、数が増えてきている気がするのは、奈良公園の看板（図4）や中央区の道路ステッカー（図5）のように外国語が添えられているものだ。観光立国宣言（2003年）以来、本当に日本には海外からの訪問客が増えたのだなあ、と実感する。そして、人間が生きている限り生産され続けるのがゴミであり、今や日本におけるポイ捨て戦争最前線は、ポイ捨て抑制看板からうかがえるだけでもグローバル化し、地域と世界との戦いの様相を呈している。

　はたして、ポイッと捨てられたゴミでつながった地域と世界は、これからどこへ進んでいくのだろうか。ユーモラスな方向に発展しつつある日本語看板がある一方で、今回は紹介しなかったが、監視カメラや罰金の存在をアピールする険しい雰囲気のものも増えつつあるのが気になる。そんなこんなで、こんな好奇心、何の役に立つのかしらと思いつつも、ポイッと捨てることもできず、今日も筆者は看板を見つけると、ついつい写真を撮ってしまうのである。

図4　奈良公園の入り口

図5　中央区路上

（林　美都子）

【教育の実践例】

第7章

「やさしい日本語」の活用による「観光」と「学校」への貢献の可能性

伊藤（横山）　美紀・高橋　圭介・伊藤　恵・相川　健太・奥野　拓

はじめに

　本章では、国内で増加する外国人と地域住民が必要なコミュニケーションをとるための一つの方法として「やさしい日本語」の活用を提案する。「やさしい日本語」は、1995 年の阪神・淡路大震災の際に、外国人への情報提供の方法の一つとして存在がより広く知られるようになり、2011 年の東日本大震災でも活用された。これらの災害時の「やさしい日本語」では、災害発生後 72 時間の使用が想定され、それに合わせて使用する語彙や文法が制限されているが、近年は、学校教育現場、介護と看護の現場、観光場面など、日本語母語話者と日本語非母語話者が接触する多様な場面で「やさしい日本語」が活用されるようになってきている。

　本章では、「観光」と「学校」という 2 つの場面から、「やさしい日本語」の活用事例や活用案を紹介する。「観光」場面での「やさしい日本語」活用事例では、一般の日本語母語話者への「やさしい日本語」の普及を目指し、初級から中級への変更を試みた書き換え基準についても考察する。最後に、「観光」と「学校」が「やさしい日本語」の使用者を介してつながりうることに注目し、「やさしい日本語」の可能性を述べる。

1. 観光と「やさしい日本語」

　本節では、「観光」場面における「やさしい日本語」の活用事例として、観光用展示物の案内文を中級レベルの「やさしい日本語」へ書き換えたプロジェクトを紹介する。

（1）　観光用展示物書き換えプロジェクトの概要

　本項では、函館校で開講されている「地域プロジェクト」において行われた、観光用展示物の案内文を「やさしい日本語」に書き換えたプロジェクトの概要を紹介する。このプロジェクトでは、日本語母語話者の大学生（以下、学生）が、ウェブサイト「南北海道の文化財」上の案内文を、中級レベルの「やさしい日本語」を用いて書き換えを行った。

　「南北海道の文化財」は、道南ブロック博物館施設等連絡協議会と公立はこだて未来大学との連携により運営するウェブサイトであり、南北海道14市町の学芸員による文化財の解説を公開している。現在、碑・像、歴史、建造物、自然などの文化財が約500件登録されている。史実だけでなく民間伝承を含む歴史的エピソードが写真や位置情報とともに記されており、貴重な地域デジタルアーカイブの一つである。このプロジェクトで学生は、ウェブサイトに掲載されているコンテンツのうち、函館市の西部地区にある観光案内板に記載されているものを対象として書き換えを行った。具体的には、「旧イギリス領事館」「旧函館区公会堂」「日本最古のコンクリート電柱」など、比較的有名な観光スポットの案内板を計10点選び、それらの案内文を中級レベルの「やさしい日本語」へと書き換えた。

　書き換えレベルを中級とした点は、前回の試み（伊藤他 2017；2018）との相違点である。伊藤他（2017；2018）では、初級[1] レベルの日本語に書き換えた事例を観察し、その特徴を明らかにした。今回の試みでは書き換えレベルを中級[2] へと変更し、書き換え結果を前回のものと比較することにより、形式的

な変化、さらには書き換えた学生の意識の変化を探ることが重要な研究課題である。この点については、次項において簡単に取り上げる。

　プロジェクトの成果物である、「やさしい日本語」に書き換えた案内文は、第3節に後述する開発中の支援システムに搭載することで、学校教育現場において地域の小学生を対象とした地域学習に活用する計画を立てている。

（2）　観光用展示物書き換えプロジェクトがもたらす効果

　本項では前項で紹介したプロジェクトが目指した、他領域への波及効果について論じる。後に取り上げる第3節の図7-6では、Aの観光場面からBの学校場面へと向かう矢印が描かれている。以下では、観光から学校へ、さらには学校を超えて一般の日本語母語話者に及ぶ2つの効果を指摘する。

　1つ目は、「やさしい日本語」を深く理解している人材の輩出である。書き換えプロジェクトに参加した学生は、単に与えられたコンテンツの書き換えを行っただけではなく、事前準備として「やさしい日本語」に関する主要な先行研究を精読し、その背景を踏まえたうえで作業にあたっている。また、書き換えの前後に、書き換えの際に参照するマニュアルの作成や更新を行い、今後の書き換え作業につながる成果を残している。

　書き換えマニュアルの内容については、弘前大学人文学部社会言語学研究室が作成した「増補版『やさしい日本語』作成のためのガイドライン」に負うところが大きいが、学生独自の工夫も含まれる。例えば、観光用展示物の案内文に頻出する語については、語彙リストを作成し、学生の間で情報を共有したうえで、必要に応じて補足説明を加えるという作業原則を採用している。これは、観光に関する語については、読み手が今後も観光を継続する際に知っておいた方がよいという配慮に基づくものである。

　これらの作業をとおして、学生は「やさしい日本語」を使用する前提となる「マインド」（庵、2019）を有する日本語母語話者となり、社会に出てからも自らの言語使用のみならず、周囲への働きかけをとおして、「やさしい日本語」の普及を推進する原動力になりうると考えられる。

　2つ目は、「やさしい日本語」を一般の日本語母語話者へ広めていくうえで重

要となる、「ハードルの引き下げ」に関わるものである。一般の日本語母語話者が感じる「ハードル」には、書き換える際の技術的な問題、書き換えた日本語に対する評価的な問題（ふだんの日本語とは異なる表現に対する心理的抵抗）などがある。これらの問題を解消する策の一つに、書き換えレベルを中級に設定するという方法が考えられる。中級レベルであれば、わかりやすさは低減するかもしれないが、母語話者がふだん使用する日本語に近く、書き換えの十分な訓練を積んでいない母語話者であっても取り組みやすい可能性がある。以下では、この点について、初級レベルへの書き換えを行った前回のプロジェクトと中級レベルへの書き換えを行った今回のプロジェクトの書き換え例を比較し、取り組みやすさが向上する可能性があることを指摘する。

　伊藤他（2017：2018）では、受け身文の使用回避による情報量の減少（例文①②）、語彙の使用制限に起因する意味のずれ（例文③④）など、書き換えレベルを初級に設定したことによる問題が見られた。

---

①　1862（文久2）年、箱館奉行を<u>免じられ</u>、（後略）

②　1862年、箱館奉行を<u>やめました</u>。

③　（前略）箱館の町は、天然の良港を要するものの港入口を防御する台場が<u>脆弱</u>であった。^{［ママ］}

④　箱館は良い港がありましたが、入り口を守るための台場が<u>よくありませんでした</u>。　　　　　（伊藤他（2018）の例文（25）（26）（59）（60））

---

　①から②に書き換えたことにより、「免じた」人物が背景化し、主語の人物があたかも自分の意志で「やめた」かのような解釈が優勢になる。また、③から④への書き換え例は、より一般的な意味を表す「よくない」に書き換えたことで、原文との間に意味のずれが生じているケースである。

　一方、今回は初級レベルでは制限されていた受け身文と複合語が使用可能となったため、以下のように、情報量や表現の自然さを損なうことなく書き換えることができた。

> ⑤　（前略）緑色の銅板屋根は昭和43年に改装され、（後略）
>
> ⑥　青緑色の屋根は銅で作られています。
>
> ⑦　聖堂はロシア風ビザンチン様式で再建された。
>
> ⑧　（前略）ビザンチン様式［ロシアの建築の方法のひとつ］の建物に作り直しました。

　⑤の下線部は「銅でできています」と書き換えることもできるが、受け身文を使用することにより「建造者」の存在が含意され、彼らの創意工夫を説明する文脈にふさわしい表現となっている。また、⑦から⑧への書き換えでは、⑦の下線部を当初「また、建物を作りました」としていたが、複合語が使用できることを踏まえ、最終的に⑧のような、日本語としてより自然な書き換えとなった。

　以上のように、初級から中級への書き換えレベルの変更は、「情報量を減少させない」「日本語としてより自然な表現を選択する」という点を実現するうえで効果を発揮したといえる。日本語として自然かどうかという点は、「やさしい日本語」であるための必須条件ではないとする立場もあるが、書き換えに関する十分な訓練を受けていない一般の日本語母語話者にとっては、自然な日本語の範囲内で書き換えを行う方が技術的な負担が少なく、心理的な抵抗も抑えられると考えられる[3]。

2.　学校教育と「やさしい日本語」

　「学校」における年少者日本語教育の場面では、すでに多くの研究が行われてきたが、その際、「日本語指導を必要とする日本語を第一言語としない子どもたち」は、さまざまな用語で表現されてきた。本章では、引用部分を除き、文部科学省が使用している「帰国・外国人児童生徒」を用いる。同様あるいは類似の意味を表す用語に「帰国・外国籍児童生徒」「外国につながる子どもたち」「外国にルーツをもつ子どもたち」「多文化背景をもつ子どもたち」「移動する子ども」などがある。

　本節では、はじめに、これまでの日本の学校における国語教育と「やさしい日本語」の接点を指摘する。次に、帰国・外国人児童生徒の現状と課題を述べ、北海道において考えられる「やさしい日本語」の活用例を挙げる。

（1）　国語教育と「やさしい日本語」

　日本の学校教育現場において日本語指導が必要な帰国・外国人児童生徒を支援するためには、成人である教師側による「やさしい日本語」の活用が期待される。と言っても、日本の学校の国語教育において、「やさしい日本語」は特に新しい考え方ではない。森（2013）は、1952年使用開始以降の1,285冊の小学校教科書から、「書き換え」や「言い換え」が扱われている教材を抽出し、「やさしい日本語」に関連する取り組みについての実態を調査している。

　国語教育で取り組まれている「相手にわかりやすく伝える」ことや、「読み手を考えて」書くことや、「伝え合う力」の育成は、「やさしい日本語」の考え方に通じるところがある。しかしながら、これまでの国語教育では日本語母語話者同士の「やさしい日本語」が想定されていた。森（2013）も指摘しているように、2012年度使用開始の中学校2年の国語科教科書（光村図書）に「やさしい日本語」（佐藤 2012）という教材が採用されたことは画期的なことであるが、「災害時の取り組みについての説明文としての扱いであり、日本語母語話者である中学生自身にやさしい日本語を話したり、書いたりすることを求めているわけではない」（森 2013：240）ことには注意する必要がある。この部分に対して、日本語教育からの「やさしい日本語」が貢献するべき側面が残っているといえる。

　庵（2019）は、「やさしい日本語」の一つの側面として「バイパスとしての『やさしい日本語』」を挙げ、次のように述べている。

> 　外国にルーツをもつ子どもたちができる限り高校進学時に、遅くとも、高校卒業時に、日本語母語話者の子どもたちと対等に競争できる日本語能力を身につけられるように、必要な方策を研究するもの。　　　　　　　　　　（庵 2019：6）

志村（2019）は、この「バイパスとしての『やさしい日本語』」という発想か

ら、中学学齢期の帰国・外国人児童生徒のための日本語総合教科書の開発を進めている。

（2）　帰国・外国人児童生徒支援と「やさしい日本語」

　日本国内において、日本語指導を必要とする帰国・外国人児童生徒は増加している。文部科学省（2017）の「日本語指導が必要な児童生徒の受入れ状況等に関する調査（平成 28 年度〈2016 年度〉）」（以下、「2016 年度の文部科学省調査」）によると、2006 年度の公立学校における日本語指導が必要な児童生徒数は 2 万 6,281 人であったのに対し、2016 年度には 4 万 3,947

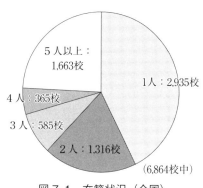

図 7-1　在籍状況（全国）

人となり、10 年間で約 1.7 倍に増加した。これらの児童生徒が住む地域には「散在」と「集中」の 2 つの傾向があり、在籍数が 1 名もしくは 2 名である学校が半数を超える（図 7-1）。このような、学校当たりの在籍数が少ない外国人散在地域の現状や課題については、東北地方を中心にさまざまな取り組み事例が報告されている。土屋他（2014）は、山形・福島の 2 つの散在地域に焦点を当てて、教育支援の現状と課題を報告している。土屋他（2014）は、学校における教育支援を支えるネットワークの構築と、教育支援の質を保証する「ひと」と「ひと」とのつながりを促す重要性を指摘している。

　また、2016 年度の文部科学省調査によると、都道府県別の帰国・外国人児童生徒の在籍状況は、山形県は 66 名、福島県は 102 名であるのに対し、北海道は 176 名である。北海道における在籍数は、山形・福島の両県の在籍人数を合計した 168 名を超えているが、北海道の面積（8 万 3,423.83 平方キロメートル（㎢））が山形県（9,323.15㎢）と福島県（1 万 3,783.90㎢）（国土地理院 2019）を合わせた面積の約 4 倍であることを考えると、北海道においても帰国・外国人児童生徒が広域にわたって散在していることがうかがえる。

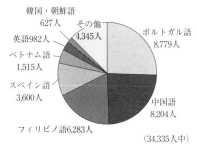

図 7-2　外国籍児童生徒の母語（全国）

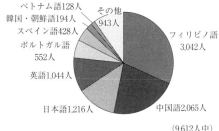

図 7-3　日本国籍児童生徒の使用頻度
　　　　が高い言語（全国）

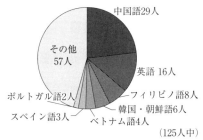

図 7-4　外国籍児童生徒の母語（北海道）

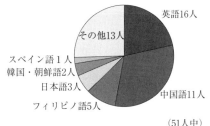

図 7-5　日本国籍児童生徒の使用頻度
　　　　が高い言語（北海道）

　さらに、2016 年度の文部科学省調査では、帰国・外国人児童生徒の散在傾向に加えて、母語が多様であることも報告されている。図 7-2 は、日本語指導が必要な外国籍児童生徒の母語を示しており、ポルトガル語と中国語がおよそ半数を占めている。図 7-3 は、日本語指導が必要な日本国籍の児童生徒の比較的使用頻度の高い言語を示しており、フィリピノ語と中国語で半数以上を占めている。ここから、帰国・外国人児童生徒の支援において活用しうる主要な外国語はいくつかあるものの、母語は多様であり、1 つの外国語に翻訳することで意思や情報の伝達問題を解決できる状況ではないことがわかる。

　北海道においても帰国・外国人児童生徒の母語が多様化している。図 7-4 は 2016 年度の文部科学省調査によって報告された北海道における外国籍児童生徒の母語を示しており、図 7-5 は北海道における日本語指導が必要な日本国

籍児童生徒の比較的使用頻度の高い言語を示している。図7-4、図7-5のいずれにおいても、北海道では中国語と英語の使用率が高いことが特徴として挙げられる。また、北海道では全国と比較して「その他」の言語の割合が高いことも注目すべき点である。図7-2、図7-3の全国データの「その他」の割合と比較しても、北海道では母語がより多様化している傾向がみられる。

　以上から、北海道では、「散在」と「母語の多様性」という2つの課題が浮かび上がる。この課題に対して、「やさしい日本語」を用いることで支援が促進されると考えられる、3つの「やさしい日本語」活用例を紹介する。

　1つ目は、「サバイバル日本語」を学ぶ段階（日本語がほとんどわからない段階）で、かつ帰国・外国人児童生徒の母語による支援が困難な場合に、「やさしい日本語」の活用が考えられる。その際、札幌子ども日本語クラブが公開している「サバイバルカード」などの絵カードを用いながら、「やさしい日本語」を活用するとより効果的である。この「サバイバルカード」には、「トイレに行きたい」など、学校で生活するために必須の10種類のカードがあり、日本語のほか、イラスト、6カ国語の対訳も表示されている。

　2つ目は、教科を学ぶ際の「やさしい日本語」の活用である。これは、帰国・外国人児童生徒も高校の入学試験では日本の子どもたちと同じ試験問題に取り組む必要があるため、過渡的に用いるものであるが、庵（2019）による「バイパスとしての『やさしい日本語』」にあてはまる取り組みになる。帰国・外国人児童生徒の在籍数が多い外国人集住地域の学校では、通常、「やさしい日本語」を適宜用いながら教科を学ぶ学級の設置・運営が可能なことが多い。また、このような学級では、グループワークなど、子ども同士での学び合いが重視されるが、北海道では多くの場合において、帰国・外国人児童生徒の在籍数が1～2名であることから、この方法による学びの促進が難しい。そこで、北海道においては、在籍学級内でも「やさしい日本語」を時折用いながら授業を進めることで、帰国・外国人児童生徒も授業に参加できる確率を高めることができると考える。さらに、帰国・外国人児童生徒にとってわかりやすい授業は、他の日本の子どもたちの支援につながることもある。「やさしい日本語」は、帰国・外国人児童生徒と日本の子どもたちが「ともに学ぶ」ツールとしても活用

できる可能性がある。

　そして3つ目は、外国人保護者と教師間のコミュケーション支援としての「やさしい日本語」である。日本語によるコミュニケーションが難しい外国人保護者には、「やさしい日本語」とICT（Information and Communication Technology）の両方を適宜活用するとよい。例えば、2019年2月より文部科学省のもとで運営されているウェブサイト「かすたねっと」では、多言語化した簡単なお便りを作成し、印刷して活用することができる。しかし、各学校で独自に伝えたい内容をカスタマイズするには現時点では限界がある。外国人保護者自身も、日本語で書かれた学校からのお便りをスマートフォンの翻訳アプリなどを利用して自身の母語に訳しても、正確に翻訳され、重要な情報が伝わったかどうかの確認をすることが難しい。そのようなときに、情報伝達を補ったり、情報伝達を確認したりする手段として、「やさしい日本語」を使うことを提案したい。多言語やICTの支援を得ながら、不足分を「やさしい日本語」で補うことで、外国人保護者との具体的内容についてのやりとりがしやすくなると考える。

3. 地域に貢献する「やさしい日本語」—人のつながりから—

　これまで、「観光」と「学校」の2つの場面から「やさしい日本語」の活用を考えてきた。本節では、この2つの場面のつながりから見えてくる「やさしい日本語」の可能性を考える。図7-6は、観光と学校のそれぞれの場面における「やさしい日本語」の活用が互いにつながりうることを示している。

　図7-6の左側のAエリアは、観光場面である。Aエリアでは、学生や、観光に関わっている日本語母語話者が外国人観光客に「やさしい日本語」を使う。右側のBエリアは学校場面である。Bエリアでは、学校の教員や日本語担当指導員が帰国・外国人児童生徒に対して「やさしい日本語」を使う。その一方で、AエリアとBエリアは人や支援システムを介してつながりうる。

　Aエリアで「やさしい日本語」を使う経験をした日本語母語話者の学生は、

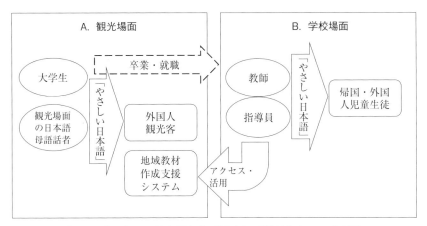

図7-6 「やさしい日本語」と「観光」・「学校」とのつながり

将来、学校で教員や指導員になり、「やさしい日本語」を活用する人材になることが期待される。これに加えて、Aエリアでは、「やさしい日本語」を活用した地域教材作成支援システムを開発している。

　地域学習に関する授業は、主に小学校の社会科や総合的な学習の時間に、地域の副読本や教員が事前に準備した地域史資料を活用して行われている。地域史資料を活用する場合は、教員の教材作成における負担が特に大きい。負担が大きい理由としては、主に2つ挙げられる。1つ目の理由は、地域学習の教材作成にかけることができる時間が少ないことである。小学校の教員は、多数の教科を1人で担当することが多いため、地域学習の教材作成だけに時間をかけることができない。2つ目の理由は、小学生にとっては地域史資料の文章の難易度が高く、授業にそのまま資料を活用することができないことである。

　近年は地域史資料のデジタルアーカイブ化が全国的に行われているため、小学校の授業でもウェブサイト上の地域史資料を活用することが可能である。しかし、資料における文章の難易度が高いため、小学生の授業で扱うためには教員が工夫を行う必要があるという現状がある。そこで、小学校における地域学習の教材作成の負担を軽減するために、「やさしい日本語」を活用した地域教材作成支援システムの開発を行っている。この支援システムを用いて作成した

教材を帰国・外国人児童生徒が利用すれば、散在地域においても「やさしい日本語」を用いて教科を学ぶことができる。Ａエリアにおけるこの一連の活動は、成人を対象とした「観光」場面における「やさしい日本語」の活用が、学校教育現場の子どもの教育にも資すると考えられる事例である。

　「やさしい日本語」の活用は、母語話者から非母語話者への働きかけから始まる。「やさしい日本語」の活用を好循環させるためには、まず、日本語母語話者側が外国人に対して積極的に「やさしい日本語」を使おうとする意志をもつことが重要である。

おわりに

　本章では、「やさしい日本語」の活用による「観光」と「学校」への貢献の可能性について紹介した。「観光」場面における「やさしい日本語」活用事例では、「やさしい日本語」への書き換え基準を初級から中級に引き上げることによって、一般の成人の日本語母語話者も活用できる可能性が高まることを指摘した。

　本章では「観光」「学校」という２つの場面からの事例を取り上げたが、今後は他の場面も含め、それぞれを単独に扱うよりはむしろ積極的に連携させながら取り組むことに「やさしい日本語」を活用する意義があると考える。

注
1)　文法は庵（2015a）の Step1 と Step2 を、語彙は『初級日本語げんきⅠ［第２版］』（坂野他 2011）に所収されていることを初級の基準とした。
2)　文法は庵（2015b）の Step1 から Step4 を、語彙は『日本語能力試験出題基準［改訂版］』（国際交流基金、日本国際教育支援協会 2006）の３級までを中級の基準とした。
3)　宇佐美（2013：231）によれば、母語話者が公的文書を「やさしい日本語」に書き換える際に見られる配慮の一つとして「品位保持」を挙げている。これは、公的文書の場合、やさしく書き換えたとしても、一定の改まり度は保持しておきたいという意識であるが、日本語の自然さを維持したいという心理にも通じるものと考えられる。

引用・参考文献

庵功雄（2015a）「日本語学的知見から見た初級シラバス」庵功雄・山内博之編『現場に役立つ日本語教育研究 1　データに基づく文法シラバス』くろしお出版、1-14 ページ。

庵功雄（2015b）「日本語学的知見から見た中上級シラバス」庵功雄・山内博之編『現場に役立つ日本語教育研究 1　データに基づく文法シラバス』くろしお出版、15-46 ページ。

庵功雄（2019）「マインドとしての〈やさしい日本語〉」庵功雄・岩田一成・佐藤琢三・柳田直美編『〈やさしい日本語〉と多文化共生』ココ出版、1-21 ページ。

伊藤（横山）美紀・高橋圭介・伊藤恵・木塚あゆみ（2017）「観光客向け展示物のやさしい日本語への書き換えに関する考察」『人文論究』第 86 号、1-8 ページ。

伊藤（横山）美紀・高橋圭介・伊藤恵・長内一真・奥野拓（2018）「難解な日本語をやさしい日本語へ書き換える際にみられた特徴 ― 書き換えデータとインタビューデータより ― 」『人文論究』第 87 号、9-19 ページ。

宇佐美洋（2013）「『やさしい日本語』を書く際の配慮・工夫の多様なあり方」庵功雄・イヨンスク・森篤嗣編『『やさしい日本語』は何を目指すか』ココ出版、219-236 ページ。

国際交流基金、日本国際教育支援協会編（2006）『日本語能力試験出題基準［改訂版］』凡人社。

国土地理院（2019）「平成 30 年全国都道府県市区町村別面積調 都道府県別面積」国土地理院。

佐藤和之（2012）「やさしい日本語」『中学校 国語 2』光村図書出版、40-47 ページ。

志村ゆかり（2019）「日本における年少者日本語教育と〈やさしい日本語〉―バイパスとしての〈やさしい日本語〉のその先にあるもの―」庵功雄・岩田一成・佐藤琢三・柳田直美編『〈やさしい日本語〉と多文化共生』ココ出版、317-336 ページ。

土屋千尋・内海由美子・中川祐治・関裕子（2014）「外国人散在地域における外国につながる子どもの教育支援の連携・協働 ― 山形・福島を事例として ― 」『帝京大学教育学部紀要』第 2 号、147-155 ページ。

坂野永理・池田庸子・大野裕・品川恭子・渡嘉敷恭子（2011）『初級日本語げんき I ［第 2 版]』ジャパンタイムズ。

森篤嗣（2013）「『やさしい日本語』と国語教育」庵功雄・イヨンスク・森篤嗣編『『やさしい日本語』は何を目指すか』ココ出版、239-257 ページ。

文部科学省（2017）「日本語指導が必要な児童生徒の受入状況等に関する調査（平成 28 年度）」文部科学省。

Web サイト

札幌子ども日本語クラブ「外国人児童・生徒のためのサバイバルカード」、http：//sknchp.web.fc2.com/survivalcard.html、2019 年 8 月 29 日アクセス。

道南ブロック博物館施設等連絡協議会「南北海道の文化財」、http：//donan-museums.jp/、2019 年 8 月 31 日アクセス。

弘前大学人文学部社会言語学研究室「増補版『やさしい日本語』作成のためのガイドライン」、
http：//human.cc.hirosakiu.ac.jp/kokugo/ejgaidorain.html、2019年9月9日アクセス。
文部科学省総合教育政策局男女共同参画共生社会学習・安全課「かすたねっと」、https：//
casta-net.mext.go.jp/、2019年9月10日アクセス。

謝　辞

　本研究はJSPS科研16K02790の助成を受けたものです。
　書き換えデータの収集にあたっては、2019年度地域プロジェクトIS/IUの学生のみなさんのご協力を頂きました。また、「南北海道の文化財」ウェブサイトのコンテンツの使用にあたっては、道南ブロック博物館施設等連絡協議会のご協力を頂きました。ここに感謝いたします。

【教育の実践例】

第 **8** 章

生物多様性資源を活用した長期農山村
インターンシップの取り組み

村上　健太郎・石橋　健一

は じ め に

　農山村地域の村落は過疎化等によってますます衰退の危機に見舞われている。しかし、後述するように、農山村への移住者は増加傾向にあり、農業に関係する職業を希望する若者層も少なくない。

　本章では、農山村をフィールドにしたインターンシップの事例を取り上げ、若者と農山村をつなぐ取り組みの有効性について、農山村の生物資源に着目しながら検討したい。

1.　若者と農山村の今日的状況

　農山村地域の村落は、過疎化、少子高齢化、農林業・地場産業の衰退等によって、その存立が危ぶまれている（小田切 2013）。農山村における過疎化問題の深刻さは、2040 年までに全国の半数の市町村が消滅する恐れがあるとした「消滅可能性都市論」（増田 2014）や、「限界集落」のような厳しい現状を示す用語がしばしば用いられていることからもよく知られている事実である。

しかし、これらの用語は農山村への関心の入り口となりうる一方、「限界」や「消滅」などの言葉の強さが農山村の現実を見えづらくしているとも指摘されている（小田切 2009）。実際のところ、近年農山村への移住者はむしろ増えている。日本における農山村への移住者は、2009 年の年間 2,864 人から急増し、2014 年には 1 万 1,735 人となった。しかも、この人数は少なく見積もったときの人数であり、実際はもっと多いと推定されている（小田切 2016）。

　大学生などの若年層の視点から見ても、農業に関係する職に就きたいという者は決して少なくない。1990 年ごろからの新規就農者数の増加は農業ブームとも呼ばれているが、その一つの背景は安定した収入確保の可能性が出てきたこと、および地域や地球環境など社会への貢献を実感できるという貨幣価値以外の価値観への注目の高まりである（百井 2010）。2012 年、2013 年にそれぞれ農業に関心がある学生に対しインターネットで行われたアンケート（パルシステム生活協同組合連合会 2012; 2013）には、このような学生の意識がよく表れており、「どのような環境や支援があれば農業に関わる仕事への就職を検討するか」という問いに対して最も多かったのは「安定した収入が見込めれば」であった。他方、「就農する同世代が増えれば」や「住む場所に商業施設が充実していれば」といった回答も見られた。これらの回答には、農山村あるいは農業への関心はあるものの、年収や社会情勢、都会との暮らしのギャップなどへの不安を持っていることがよく表れている。また、「農業に関わる仕事へ就職したいと思う理由」では、「自然が好きだから」と回答した者が 59.5%であり、他の回答項目に比較して圧倒的な 1 位であった。筆者らの学生指導の経験からも、環境科学に関心のある学生のなかには、自然の少ない都会よりも、むしろ緑に囲まれた自然豊かなところで暮らしたいと考えている者が多いように思う。高齢化の進む農山村では地域おこしを担う若者が必要とされていることは言うまでもない。環境科学を志す大学生（若者）と農山村側の両方のニーズは、かなり合致しているように見えるにもかかわらず、これらをつなげる機会は必ずしも多くないように見える。

　本章では、環境科学を志す大学生と農山村をつなげる試みとして名古屋産業大学で実践されている農山村インターンシップについて取り上げ、実践例とし

て紹介する。この試みは、就業体験を行うだけにとどまらず、学生が主体的に現地（農山村）で研究・調査・フィールドワークを行うことと並行して行われている。研究テーマは、その多くが農山村の多様な生物資源に着目したものである。これらの紹介を通して、農山村の生物資源を活用した学生と農山村をつなぐ取り組みの有効性について述べる。

2. 名古屋産業大学の長期インターンシップと農山村

　名古屋産業大学（愛知県尾張旭市；学校法人菊武学園）は、2014 年度から 3 年生の春学期開講科目として「インターンシップⅠ」「インターンシップⅡ」「インターンシップⅢ」を実施している[1]。3 科目は連続して実施され、2 ～ 3 カ月の長期にわたるインターンシップとなっており、企業、海外、農山村の 3 分野で行われている。これらの科目は現在（執筆時：2019 年 6 月）も継続されており、2019 年度も 3 名の学生が農山村インターンシップに取り組んでいる。2014 年度から筆者らは、この農山村インターンシップ担当教員として、長野県下伊那郡阿智村（昼神温泉）、三重県津市美杉町（旧・美杉村太郎生地区）の 2 カ所のインターンシップ（表 8-1）において学生指導に携わってきた[2]。

表 8-1　名古屋産業大学の長期農山村インターンシップ（2014-2017）受け入れ先概要

地域	協定	受け入れ先	課題等
昼神温泉（長野県下伊那郡阿智村）	2012 年5 月締結	阿智村役場、(株) 昼神温泉エリアサポート、尾張旭市	昼神温泉は、名古屋市、尾張旭市から直通バスで約 2 時間の距離にあり、愛知県内からの宿泊客が多い。宿泊客数は 2007 年がピークであり、地域活性化が課題の一つであった。近年は星空ガイドツアーなどのエコツアーが人気である。
太郎生地区（三重県津市美杉町）	2012 年6 月締結	太郎生地域づくり協議会	過疎化が続いており、地域の振興策が課題である。閉館した古い旅館をリニューアルし、宿泊や交流の場として「たろっと三国屋」を開業し、協議会メンバーで運営している。ブランド米として倶留尊山湧水米が栽培されるなど、農林業が盛んな地域であるが、シカやサルなどの食害が増えている。

　このインターンシップの特徴の一つは現地滞在方式であり、実際に学生が農山村に住み込み、農山村での生活を体験すること、そしてその期間が2〜3カ月のかなり長期にわたることである。もう一つの特徴としては、農林業や観光業（旅館業務）などの「就業体験」の合間に、学生が自ら研究・調査・フィールドワークを行って「地域貢献」を目指した活動（自主研修）を行うことである。

　2015年度阿智村のインターンシップで実際に行われたスケジュールの例を表8-2、8-3に示した。インターンシップ開始前の準備期間に、農山村インターンシップに参加する学生は企業インターンシップ生とともに、コンプライアンス研修やインターンシップ先の調査、課題発見を目指したゼミナール学

表8-2　農山村インターンシップ事前研修スケジュール（2015年の事例）

コマ	月日	曜日	時限	テーマ・内容	備考
1	4/6	月曜	3	研修テーマの設定	
2	4/10	金曜	2	PC操作研修（1）、Dropboxの設定等	
3	4/10	金曜	3	エコツーリズムと農山村をめぐる問題（1）	講義
4	4/10	金曜	4	PC操作研修（2）、日誌の書き方	
5	4/14	火曜	3	自主研修テーマ設定	ゼミナール形式
6	4/16	木曜	5	昨年度インターンシップからの引き継ぎ	前年度派遣学生が参加
7	4/17	金曜	2	インターンシップの心構え（昨年度の事例から）	ゼミナール形式
8・9	4/17	金曜	3-4	野外での環境調査法研修	
10	4/17	金曜	5	自主研修テーマ設定	個別面談
11	4/20	月曜	2	インタビュー調査研修（メモの取り方等）	企業インターンシップと共通
12	4/23	木曜	3	研修先研究調査	企業インターンシップと共通
13	4/23	木曜	4	研修の意味の再確認	企業インターンシップと共通
14	4/23	木曜	5	コンプライアンス・マナー研修	企業インターンシップと共通
15	4/24	金曜	3	エコツーリズムと農山村をめぐる問題（2）	ゼミナール形式
16・17	4/24	金曜	4-5	野外での植生調査法研修	
18	4/27	月曜	2	インタビュー調査研修（まとめと発表）	
19	4/28	火曜	3	エコツーリズムと農山村をめぐる問題（3）	ゼミナール形式
20	4/30	木曜	3	研修先研究調査レポート作成	企業インターンシップと共通
21	4/30	木曜	4	研修先研究発表	企業インターンシップと共通
22・23	5/1	金曜	2-3	自主研修テーマ設定	ゼミナール形式
24	5/7	木曜	5	直前準備	

表8-3 農山村インターンシップ入村後のスケジュール（2015年の事例）

（参加者2名の諸活動を整理したもの、下線は地域貢献を目指した自主研修に関する活動内容であることを示す）

月日	曜日	内容	巡回**
5月 8日	金曜	インターンシップ開始、村役場で村長と面会、受け入れ先への挨拶、旅館業務	●
5月 9日	土曜	植生調査練習、日誌を書くための指導、旅館業務	●
5月10日	日曜	食材調査、ナイトツアー体験	●
5月11日	月曜	試作パン作り	
5月12日	火曜	休※	
5月13日	水曜	旅館業務、試作パン作り	
5月14日	木曜	ウォーキングイベント、旅館業務	
5月15日	金曜	村内（図書館等）散策	△
5月16日	土曜	旅館業務	
5月17日	日曜	植生調査、パン作りのための買い出し	
5月18日	月曜	地元パン屋を取材	
5月19日	火曜	地域おこし協力隊メンバーへのインタビュー調査、交流会	
5月20日	水曜	飯田市美術館見学、学芸員との面会・インタビュー	
5月21日	木曜	ウォーキングイベント、旅館業務	△
5月22日	金曜	地元パン屋にてパン作りの勉強	
5月23日	土曜	旅館業務	
5月24日	日曜	旅館業務	
5月25日	月曜	阿智高校にて教員と交流	●
5月26日	火曜	地域おこし協力隊メンバーとともに農業体験	
5月27日	水曜	旅館業務	
5月28日	木曜	植生調査	△
5月29日	金曜	休※	
5月30日	土曜	旅館業務	
5月31日	日曜	試作パン作り	
6月 1日	月曜	阿智高校にて打ち合わせ、プレゼンテーション準備	
6月 2日	火曜	試作パン作り、植生調査	△
6月 3日	水曜	旅館業務、プレゼンテーション準備	
6月 4日	木曜	阿智高校3年生の前で大学での学びに関するプレゼンテーション、その他行事に参加	
6月 5日	金曜	食材調査、旅館業務	
6月 6日	土曜	旅館業務	
6月 7日	日曜	試作パン作り、旅館業務	
6月 8日	月曜	旅館業務	
6月 9日	火曜	旅館業務、植生調査	△
6月10日	水曜	旅館業務	

6 月 11 日	木曜	ウォーキングイベント、旅館業務	
6 月 12 日	金曜	試作パン作り、旅館業務	
6 月 13 日	土曜	植生調査、報告会や自主研修のまとめのための指導	●
6 月 14 日	日曜	中間休み（6 月 17 日まで）	
6 月 18 日	木曜	観光センターにて臨時講義に参加、ウォーキングイベント	
6 月 19 日	金曜	旅館業務	
6 月 20 日	土曜	試作パン作り、旅館業務	
6 月 21 日	日曜	PC でデータ入力、分析作業	
6 月 22 日	月曜	パン作り、旅館業務	
6 月 23 日	火曜	地元行事に参加、チラシ作り、発表会準備	△
6 月 24 日	水曜	食材調査、チラシ作り、発表会準備	
6 月 25 日	木曜	ウォーキングイベント、旅館業務	
6 月 26 日	金曜	旅館業務	
6 月 27 日	土曜	旅館業務	
6 月 28 日	日曜	植物の写真撮影、旅館業務、発表会準備	
6 月 29 日	月曜	休※	
6 月 30 日	火曜	休※	
7 月 1 日	水曜	旅館業務	
7 月 2 日	木曜	ウォーキングイベント、旅館業務	△
7 月 3 日	金曜	食材調査	
7 月 4 日	土曜	観光センターにてデータ打ち込み作業、食材調査	
7 月 5 日	日曜	発表会準備作業	
7 月 6 日	月曜	発表会準備作業	●
7 月 7 日	火曜	地元行事にボランティアとして参加	
7 月 8 日	水曜	旅館業務、発表会準備作業	
7 月 9 日	木曜	ウォーキングイベント、旅館業務	
7 月 10 日	金曜	休※	
7 月 11 日	土曜	旅館業務、発表会準備作業	
7 月 12 日	日曜	発表練習と指導	●
7 月 13 日	月曜	インターンシップ発表会	●
7 月 14 日	火曜	旅館業務、飯田市美術館を訪問し学芸員と面会	
7 月 15 日	水曜	旅館業務	
7 月 16 日	木曜	旅館業務、地元行事にボランティアで参加	
7 月 17 日	金曜	インターンシップ終了	

※「休」表示が少ないのは、インターンシップ参加学生 2 名がローテーションを組んで動いているため、2 名同時に休むことが稀であるためである。実際には、各学生は週 2 回以上の休みをとっている。

※※ 教員による巡回学修指導（●は現地での学修指導を示し、△は Skype を用いたリモートでの学修指導を示す）

修などに取り組んだ。特に、農山村で実際に課題を発見して地域貢献を目指した自主的な活動を行うためには、事前に農山村における現状、社会問題や「過疎」「限界集落」「少子高齢化」などのキーワードについて熟知しておく必要がある[3]。そのため、事前研修の時間の一部はそれらのために割かれた。

その後、4月末から5月にかけて、学生は実際に農山村に入って7月まで現地でインターンシップに取り組んだ。7月の終了直前には受け入れ先で関係者を招いた成果報告会が行われ、インターンシップを通して得たこと、自らの変化についてふり返りを行うとともに、自主研修の成果について発表を行った（図8-1）。

2015年度の事例では、教員は月1〜2回の頻度で現地を訪問し、また表8-3に示したようにSkypeを用いた学修指導も行っており、この年度は滞在期間中に延べ15回程度、約4.5日間に1回程度の学修指導が行われたことになる。この学修指導には就業体験や日常生活に関する基本的な内容はもちろんのこと、後述する自主研修に関する調査支援やフィールド調査技法の学修なども含まれていた[4]。

学生の日誌はDropbox（オンラインストレージサービス）[5] を使って教員と

図8-1　成果報告会（インターンシップ発表会）の
様子（長野県下伊那郡阿智村）
撮影：星野雪子氏

学生の間で共有した。学生の日誌が更新されれば、教員宛てに更新が通知され、PCやスマートフォンなどから日誌を閲覧したり、添削したりすることが可能な状態にした。Dropboxを利用すれば、教員から参考資料を転送することも可能であるうえ、学生が作成中のファイルを閲覧し、的確に修正を指示することも可能である。学生の農山村での生活環境にノートパソコン、インターネット（Wi-fi）、オンラインストレージの環境を整備することは、リモートで指導を行ううえで大変重要であったと思う。

　就業体験、自主研修以外のイベントとしては、実際に農山村に住む人たちへのインタビューや交流会を各年度で行った。これらは、学生のキャリアデザイン、キャリア形成に向けて、地域で活動する人の生の声を聴くことが役に立つと考えたことによる。学生が交流した人たちは博物館学芸員、高校教員、飲食店の店主、農産物の生産や加工を行う有限会社社長など多岐にわたり、そのなかには地域おこし協力隊員[6]などの都会から移住してきた人たちも含まれていた。特に学生は、実際に都会から農山村へ移住してきた若い人たちには親密さを感じていたようで、生の体験談やリアルに感じていることを聴くことができ、この試みは学生の心によく響いていたように思う。

3. 農山村の生物多様性を活かした自主研修

　表8-3のスケジュールにもあるように、インターンシップの軸となるのは就業体験であるが[7]、学生はそれらの合間を縫ってパン作りやその食材調査、植生調査といった各自で設定した自主研修テーマに関する活動に主体的に取り組んだ（表8-4）。

　学生個々人の力量の差もあるため、自主研修に関する活動がすべて順調に進んだわけではない。しかし、成果報告会などを利用して、その結果を受け入れ先関係者、新聞記者らの前で発表したところ（図8-1、8-2）、その多くはインターンシップ受け入れ先から高い評価を得た。特に農山村における生物の豊かさを扱ったもの（例えば表8-4の2、3、5、8）では、地域にこれだけ多く

表 8-4 インターンシップ生 (2014-2017) による自主研修のテーマ（＊は2名で共同して取り組んだもの）

番号	課題	場所	概要
1	美杉町の森林セラピーロードの調査	美杉町	美杉町の森林セラピーロードを歩き、その特徴や問題点について調査した。
2	中太郎生地区に生息するチョウ類の調査	美杉町	美杉町中太郎生地区の林道、農道において約4kmのルートを設定し、2週間に1回の頻度でチョウ類のルートセンサスを行った。その結果、49種のチョウを確認し、中にはギンイチモンジセセリ（環境省レッドデータブック準絶滅危惧種）などの稀少種も確認された。
3	中太郎生地区におけるニホンザルおよびニホンジカによる被害の状況	美杉町	美杉町中太郎生地区における野生動物による被害状況の把握のために、各所に自動撮影カメラを設置し野生哺乳動物の撮影を試みる一方で、民家28軒を直接訪問し、被害状況や対策に関するインタビュー調査を行った。その結果、被害はサル、シカによるものが多く確認された。対策についての意識は各戸によってさまざまであり、地域にとって足並みがそろっていないことなどが問題点として抽出された。
4＊	阿智村で暮らす人々への「阿智の魅力」に関するインタビュー調査、ウォーキングイベントの新コース・新ツアーの提案	阿智村	1. インターンシップ中に出会った阿智村に住む人（外部から移住した人も含む）にインタビューを行い、阿智村の魅力の再発見につなげるための活動を行った。 2. ウォーキングイベントへの参加体験と地域の散策を通して、ウォーキングイベントの新コースの提案を行った。
5	昼神温泉周辺の植生調査と自然観察用資料の作成	阿智村	昼神温泉周辺の遊歩道沿いに自生する野生植物の調査を行い、計186種の維管束植物を記録した。生育していた種のうち、生態的・観賞的価値が高いと考えられる植物（18種）と、その解説を掲載した自然観察資料（フリーペーパー）を作成した。また、これらのなかで特に観光資源になりえる植物について、中京圏で見られる植物との比較を通して考察を行った。
6	地元食材研究をとおして考えた朝食用新メニューの開発	阿智村	阿智村周辺の農産品素材を可能な限り活用し、宿泊施設における朝食用新メニューの開発を試みた。実際に朝食に調理パンを提供することとした（調理師免許を持っていることを活かし。）
7	360°撮影カメラを活用したweb観光記事作成の試み	阿智村	阿智村周辺の観光地をめぐり、360°撮影が可能なデジタルカメラ（Ricoh 社製 Theta）を用いて、特殊なデジタル風景画像を作成した。また、それらを活用したウェブブログの作成を試みた。
8＊	昼神温泉周辺の水生生物調査とその観光資源としての活用	阿智村	昼神温泉周辺の小河川を中心に4カ所の調査地点を設置し、水生生物の調査および水質調査を試みた。多様な水生生物が確認され、これらを活用した教育用資料の作成を行った。

図 8-2　成果報告会で、採集したチョウの標本を披露
するインターンシップ生（三重県津市美杉町）

の生物が存在していることについてのみならず、獣害など、大きな社会問題に
対する研究活動を学生が主体的に行ったことについても驚きの声が上がってい
た。また、地域の農産品や食をテーマにしたもの（表 8-4 の 6）も反響が大き
かったが、農林業が主産業である農山村では当然のことであろう。滞在中、学
生には、さまざまな形で地域の農林業に触れる機会があったが、学生の日誌か
らはその体験の多くを楽しんでいる様子がうかがえた。一方、体力的な厳しさ
を実感する言葉も散見された。

　自主研修のテーマ設定において生物や農業に関するテーマが多くなった理
由は、学生を直接指導することが多かった筆者らの専門分野や事前に大学で受
けていた講義内容が影響したことは否めない。しかし、ほとんどのケースにお
いてテーマ設定は学生が主体的に行ったものであり、地域の特色を学生なりに
活かそうとして考えたものであった。

　そもそも、農山村における生物多様性は農林業によって培われたものである
といっても過言ではない。半自然草地、半自然林（二次林）、谷津田や棚田な
どの水田、放棄水田、ため池、あぜ道など、農林業のために存在してきたさま
ざまな土地利用構成要素（およびそれらの組み合わせである里地・里山景観）
に、それぞれ違った生物が生息していることが、農山村にいろいろな生物が見

られる理由の一つである。1992年に採択された生物多様性条約を一つのきっかけに、日本の農山村における生物多様性保全を目指した生態学的な研究が盛んに行われているが（楠本ら 2010）、これは里地・里山が多様な生物相を保全してきたことが認識されたことによるところが大きい。レッドデータブックに記載された絶滅危惧植物のなかにも、高い割合で農山村などの二次的自然を生育地とする種が含まれている（藤井 1999）。環境省と国連大学高等研究所が推進している「SATOYAMA イニシアティブ」は、日本の典型的な農山村空間、すなわち里山を一つのモデルとして、二次的な自然環境を持続可能な形で保全する方法を世界に向けて発信するものである（環境省自然環境局自然環境計画課）。このように、国内外を問わずさまざまな取り組みのなかで日本の農山村の有する、あるいはかつて有していた豊かな生物多様性が注目されている。

　受け入れ先へのインターンシップ実施後の聞き取りでは、「こんなにたくさんの種類の生物が見られることは驚きであった」「おもしろい生物が身近にいることを学生さんたちの発表で知らされた」という声が聞かれた。言葉としては生物多様性について聞いたことがある人はもちろん農山村の住民にもいるだろうが、実際に自分たちが住んでいる地域が高い生物多様性を有しており、それらがもたらしうる生態系サービス、特に文化的サービスが都市住民にとってきわめて魅力的なものになりうることについては十分に認識されていないように思われた。現実に、学生たちと散策した阿智村昼神温泉周辺の歩道で高い頻度で確認されたササユリは、名古屋市では絶滅危惧種に指定されており（名古屋市役所）、都会に住む人にとっては観賞価値の高い魅力的な植物の一つであろう。就業体験が行われた美杉町の旅館「たろっと三国屋」の周辺でも、シカによる食害という問題はあるものの、都市部では見られない多様な植物種が確認されている（村上 2016）。

　生物資源とエコツーリズムの関係について論じた敷田（2010）は、重要な視点の一つとして「日の目を見てこなかった地域資源に光を当てるのがエコツーリズム」であるとして、世界標準を参照するよりもむしろ地域の中で見過ごされてきたものに光を当てるべきであり、それこそが「真の地域からのエコツーリズム」につながるのではないかと述べている。学生たちは、昼神温泉周

辺の遊歩道沿い植物調査（表8-4の5）では、記録された植物のなかから観光資源となりうる種を抽出して提案していたし、水生生物調査（表8-4の8）では、小学生の団体客が多い旅館に対して小学生向けの自然観察資料の作成を試みていた。これらは、学生たちがそれぞれのアイデアで、地域にある遊歩道や河川についてこれまでとは違った価値を見いだしたということであり、「これまで日の目を見てこなかった地域資源」の発掘とその新たな利用方法への提案にほかならない。「真の地域からのエコツーリズム」を達成するうえで、農山村の有する多様な生物資源に着目することは有効な手段の一つとなりうるだろう。

おわりに

　名古屋産業大学では、2017年度までに計10人の学生が農山村インターンシップに参加し、単位を修得した。この農山村インターンを経験した卒業生のなかには実際に林業技術者になった学生がいるほか、国立大学の大学院に進学し修了した後、有機農業に関連した職に就いた学生もいる。学生と農山村をつなぐ試みとしては一定の成果を上げていると言える一方、これらを地域おこしにつながる活動とするためには、大学は受け入れ地域と歩調を合わせて協働し、活動を継続していくことが重要であろう。また、実際に地域の活力へとつなげていくためには、活動内容を学生の思いつきや特技などによって決めるだけでなく、地域課題に立ち入った一貫したテーマの設定が必要であろう。一方、教員や大学あるいはインターンシップの受け入れ先が主導して自主研修のテーマ設定を行ってしまうと、学生の主体性を奪うことにもつながりかねない。学生の学ぶ力や主体性の育成を可能とする講義（インターンシップ）とするためには、多くの議論が必要であろう。

注

1)　長期インターンシップ科目（インターンシップ I、同 II、同 III）は、2012 年度、名古屋産業大学環境情報ビジネス学部環境情報ビジネス学科の専門科目として開設された。当該学部学科は、2017 年 4 月に現代ビジネス学部現代ビジネス学科に名称変更された後も、専門科目としてカリキュラムの中に位置づけられている。

2)　本章は、筆者のうち村上が農山村インターンシップの主担当者であった 2014 ～ 2017 年までの成果をもとにしたものである。最新の状況についてはウェブサイト（名古屋産業大学）等を参照のこと。

3)　インターンシップが行われる前の 1 ～ 2 年生が履習できる講義には、農山村における諸問題を直接扱った科目は名古屋産業大学にはなかった。ただし、「人間環境と自然」や「森林生態学」などの科目において里地・里山生態系を扱った講義が行われており、学生は農山村における環境問題についてはある程度の予備知識を持っていたと考えられる。

4)　本章は、大学あるいは指導教員側からの視点で書かれている。言うまでもないが、学生は現地の受け入れ先担当者から、きわめて多くの指導を受けており、学生の日誌にもインターンシップ受け入れ先担当者への謝意が繰り返し述べられていた。

5)　ウェブサイト（Dropbox）を参照のこと。Dropbox basic では 2GB まで無料で使用できる。

6)　過疎地域など、条件が不利な地域の地方自治体が、地域おこしや地域暮らしに関心のある都市住民を受け入れて、「地域おこし協力隊」として委嘱して派遣する制度である。2009 年に総務省によって制度化された。

7)　阿智村のインターンシップでは、主な就業体験は旅館業務であったが、美杉町では農林業が中心の就業体験メニューが組まれた。

引用・参考文献

小田切徳美（2009）『農山村再生「限界集落」問題を超えて』岩波書店、63 ページ。

小田切徳美（2013）『農山村再生に挑む ― 理論から実践まで』岩波書店、240 ページ。

小田切徳美（2016）「田園回帰の概況と論点　何を問題とするか」小田切徳美・筒井一伸編著『田園回帰の過去・現在・未来　移住者と創る新しい農山村』農文協、10-22 ページ。

楠本良延・大久保悟・嶺田拓也・大澤啓志（2010）「農村の生物多様性」『ランドスケープ研究』第 74 巻第 1 号、27-32 ページ。

敷田麻実（2010）「生物資源とエコツーリズム」『季刊　環境研究』第 157 号、81-90 ページ。

藤井伸二（1999）「絶滅危惧植物の生育環境に関する考察」『保全生態学研究』第 4 巻第 1 号、57-69 ページ。

増田寛也（2014）『地方消滅　東京一極集中が招く人口急減』中公新書、243 ページ。

村上健太郎（2016）「太郎生地区（三重県津市美杉町太郎生）で観察した野生植物の記録」『名

古屋産業大学論集』第 27 号、21-29 ページ。

百井崇（2010）「新規就農者と農業ブーム：兵庫県を事例に」『兵庫地理』第 55 巻、51-63 ページ。

Web サイト

Dropbox「Dropbox」、https://www.dropbox.com、2020 年 1 月 26 日アクセス。

環境省自然環境局自然環境計画課「SATOYAMA イニシアティブとは」、https://www.env.go.jp/nature/satoyama/initiative.html、2019 年 9 月 12 日アクセス。

名古屋産業大学「農山村インターンシッププログラム」、https://www.nagoya-su.ac.jp/guide/department/programs/towninternship/、2019 年 9 月 12 日アクセス。

名古屋市役所「名古屋市版レッドリスト 2015 について」、http://www.city.nagoya.jp/shisei/category/53-5-22-2-3-3-0-0-0-0.html、2019 年 6 月 9 日アクセス。

パルシステム生活協同組合連合会「農業に興味がある学生の実態調査」調査結果ニュースリリース（2012 年 5 月 29 日）、https://www.pal.or.jp/group/research/2012/120529/research.pdf、2020 年 1 月 5 日アクセス。

パルシステム生活協同組合連合会「農業に興味がある学生の実態調査 2013」調査結果ニュースリリース（2013 年 6 月 26 日）、https://www.pal.or.jp/group/research/2013/130626/research.pdf、2019 年 6 月 7 日アクセス。

謝　辞

　本研究を行うにあたり、インターンシップの受け入れ先である阿智村役場、株式会社昼神温泉エリアサポート、尾張旭市、太郎生地域づくり協議会の皆様には大変お世話になりました。ここに記して感謝の意を表します。

【教育の実践例】

第 9 章

知的障害児を対象とした地域のニーズに基づいた長期休暇余暇支援プログラムのあり方

細谷　一博・廣畑　圭介・五十嵐　靖夫・北村　博幸

は じ め に

　北海道教育大学函館校では、1996 年から本学の教員と学生が中心となって、知的障害のある児童生徒を対象に「夏期休暇余暇支援プログラム（サマースクール）」として「サマースクール in 函館」を実施している。この取り組みは、毎年 8 月上旬に実施され、長年にわたって函館校の地域貢献活動として位置づけられている。

　本章では、知的障害児（者）の余暇の問題について概観するとともに、函館校で実施している「サマースクール in 函館」の取り組みを紹介するなかで、今後の知的障害児の余暇支援のあり方について考える。

1.　余暇を支えること

　そもそも「余暇」とは何かを考えると、個人が職場や家族、社会から課せられた義務から解放されたときに、休息のため、気晴らしのため、あるいは利得とは無関係な知識や能力の養成、自発的な社会参加、自由な想像力の発揮のた

めに、まったく随意に行う活動の総体である（J. デュマズディエ 1973）。つまり、その個人が属している集団における義務から解放されたときに「余暇」が存在することになり、個人がその時間や内容を自由に選択・決定することができるものと考えられる。この意味において「レジャー（Leisure）」や「自由時間（Free Time）」と同義に使われることが多い。

　この「余暇」の意義について、ロバート L. シャーロック（2002）は、余暇活動は QOL（Quality of Life：生活の質）の構成要素の中核指標の一つであると指摘しており、余暇活動を充実させることは QOL の向上に欠かすことのできないものであることがわかる。

余暇支援に向けた施策

　障害のある子どもに対する支援は、明治初期のろう児・盲児に対する教育や、明治中期の知的障害児への福祉的支援に始まった。1947 年の「児童福祉法」制定から施設入所による福祉的支援が本格化し、1960 年には通園施設、1961 年には情緒短期治療施設が創設されている。その後、1990 年のいわゆる福祉八法の改正のなかで、児童居宅介護（ホームヘルプサービス）、児童デイサービス、児童短期入所（ショートステイ）が法制化され、在宅生活をしている障害のある子どもとその家族への支援が加えられた。

　障害のある子どもたちへの余暇支援については、2002 年の学校完全週 5 日制の導入を契機に注目が集まり、徐々に発達障害児の放課後保障や、休日や学校の長期休業中における余暇活動へのニーズが高まってきた。

　そのようななかで、しばらく福祉施策の変更は行われず、2012 年の児童福祉法改正まで制度的対応を待たなければならない状況であった。2012 年の改正では、子どもの発達保障や居場所の確保、保護者の子育て支援の観点から、障害のある子どもたちやその家族への支援の施策が拡充された。具体的には、障害児施設の一元化、障害児通所支援の実施主体の市町村への移行、放課後等デイサービスと保育所等訪問支援の新設、入所施設の在園期間の延長措置の見直しなどである。ここで、児童デイサービス等の実践をベースにした、障害のある子どもたちへの余暇支援の機能をもつ放課後等デイサービスが位置づけら

れた。

　「第5期函館市障がい福祉計画」（函館市 2018）によると、放課後等デイサービスの利用状況は、2014年にはひと月当たり159名の利用だったのが2017年にはひと月当たり368名となっており、4年間で2.3倍に増加している。

2.　余暇の現状を考える

（1）　知的障害児（者）の余暇生活の実際

　知的障害児（者）は休日や長期休業時にどのような生活を送っているのかについて考えてみたい。細谷（2007）は、新潟県M市で自ら設立した「青少年の休日を楽しむ会」に参加している知的障害児（者）を対象に、余暇の過ごし方について、また居住形態による違いについて調査した。その結果、年齢別にみる余暇の過ごし方では、社会人と学生ともに、平日や休日を問わず、テレビの頻度が最も高いことや、学生のほうが多くの余暇内容を選択していることが明らかになった。このことから、知的障害児（者）の余暇の過ごし方は、テ

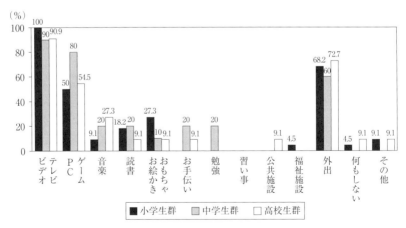

図 9-1　長期休業中の余暇内容

出所：細谷（2011）を改変。

レビや散歩等の特定の余暇に集中しており、余暇活動の選択肢が少ないなど、活動内容が限定的であることを報告している。

　また、細谷（2011）は、北海道 H 市に在住のサマースクールに参加している児童生徒の保護者を対象に、長期休業中における余暇実態と保護者のニーズを明らかにすることを試みた。その結果を図 9-1 に示す。この結果から、長期休業中の余暇の過ごし方の特徴として、子どもの年齢に関係なく「テレビやビデオ」「外出」「ゲームや PC」の 3 つに集中している傾向が明らかとなった。さらに、習い事や公共施設・福祉施設の利用頻度も低いことが明らかとなった。

　これらのことから、地域や年齢を問わず、知的障害児（者）の余暇生活に大きな違いは見られず、テレビやビデオ、ゲームや PC といったマスメディアへの活動が大半を占めており、一方向的なコミュニケーションに偏っていることが明らかとなった。

（2）　知的障害児（者）の余暇に対する保護者のニーズ

　障害のある子どもたちの保護者は、休日や長期休業中の子どもの過ごし方をどのように感じ、どのような支援を必要としているのかについて考えてみたい。その前に、なぜ保護者に視点を向けたのか説明する。

　これまでの研究のなかで、長期休業中に最もたくさんの時間を一緒に過ごす相手としては「母親」が多く、そのため母親の負担が大きく、困っていることが明らかとなっている。このことから、保護者のニーズを把握することは、障害のある子どもたちの余暇の充実を考える際には、欠かすことのできない視点であると考えたのである。

　さて、細谷（2011）は、サマースクールに参加している児童生徒の保護者のニーズを明らかにした結果、子どもの年齢を問わず、「友だちと遊ぶことがなく困っている」と回答した保護者が最も多く、その理由としては、「単調である」「友だちがいない」「運動不足」などが挙げられていた。

　友だちの存在については、特別支援学校に在籍している児童生徒の場合、居住地から離れた学校への通学を余儀なくされるため、学校生活における友だち

とは休日や長期休業になると会う機会がなくなると同時に地域に親しい友人が少ないことが原因として考えられる。また、鈴木・細谷（2016）は、余暇支援のニーズについて、友人などと運動やスポーツといった身体を動かすことを通じて、日常生活および余暇を充実させていくことが重要であるとしている。また、家族と過ごす余暇だけでなく、一人でできる余暇活動や地域の施設で過ごす余暇についても考えていく必要があることを指摘している。さらに、余暇の過ごし方に対する保護者の満足度に関係なく、親の負担を軽減できる余暇活動を教えていくことの必要性を述べている。

3.　実践の紹介

（1）　サマースクールの成り立ちから現在

　サマースクールは 1997 年に開始し、その後、毎年実施され長年にわたり継続されている北海道教育大学函館校の地域貢献活動である。本活動の開始にはどのような時代背景があったのか、またどのような地域のニーズがあったのかについて触れておきたい。

　当時の障害児教育講座の教員とゼミ生らが、研究テーマとしてサマースクールの意義を取り上げたのが発端である。その後、障害をもつ子の放課後実態調査などの資料を整理するなかで、障害児のおかれている生活実態や問題について理解を深めていった。さらに、これらの問題解決に向けて、サマースクールの開催を前提に地域の実態調査を行った。その結果、地域のニーズとして、回答者の 95％がサマースクールの必要性を訴えていることが明らかになった。本調査の結果を受け、当時の学生たちは長期休暇の問題について現実感をもって把握することができ、サマースクールの開催に至ったのである。

　当時の活動では、開催の趣旨を次のように記載している。

　　　障害児の放課後・休日・長期休暇を有意義に過ごすための地域活動の場を求める声が高くなってきています。特に夏休みや冬休みの長期休暇については、子

ども達ばかりではなく家族への負担が重くなってきている。私たちが行ったアンケート調査でも『充実した夏休みを過ごせる場が欲しい』という強い要望が明らかとなった。そこで、私たちはこのような要望に応えるべく、サマースクールを実施することにしました。さらに、活動の目的を①夏休みを有意義に過ごせる場と活動を用意すること、②子ども達の休暇中の生活のリズムを維持すること、③他の学校の児童・生徒、大学生、ボランティアなど色々な人と交流できる場とする、④将来教師を目指す学生たちの学習の場とするの4点とした。

（サマースクール in 函館実行委員会　1997）

　当時の時代背景を振り返ると、全国的にも一地方都市においても、障害のある子どもたちの余暇を支援する団体の存在は多くなかったことから、この時代に大学が主体となって、障害のある子どもたちの余暇を支援する活動を開始したことは画期的なことである。また、設立当初より本活動の趣旨を理解し、支援を希望する団体（函館ゾンタクラブ等：～2018年）や活動場所を提供してくれる機関（函館市教育委員会等）、人的な支援をしてくれる機関（北海道教育大学附属特別支援学校や卒業生）もあり、多くの人の支援のもとに本活動が

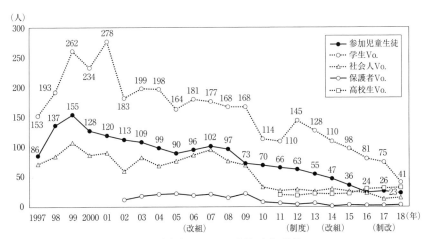

※　参加児童生徒数、学生Vo.のみラベルを記す。　　※　改組：大学の改組。
※　制度：放課後等デイサービス制度の開始。　　　　※　制改：放課後等デイサービス制度の改正。
※　Vo.：ボランティア。

図9-2　参加者の推移
出所：細谷・北村・五十嵐・廣畑・岡山（2017）に加筆。

成り立っている。

　ところで、本活動設立から現在に至るまでのサマースクールに関わっている人数の推移（図9-2）を見ると、本学の改組や放課後等デイサービス制度などを経て、年々減少傾向となっていることがわかる。この背景には函館地域における障害児を支援する団体の増加や生活スタイルの変化などが考えられる。障害のある子どもたちにとって、余暇を過ごす場の選択肢が増えたことはQOLの向上を考えると良いことである。

　現在のサマースクールの全体像を図9-3に示す。本活動は4つの側面（①地域のニーズ、②現場との協働、③ボランティア体験、④臨床力・実践力）をもって運営されており、地域教育専攻のなかでも特別支援教育を専門に学ぶ学生らを中心に運営されている。

　本活動は2011年から市内の高等学校と協力し、高校の授業（地域探究型学習）のフィールドとしても提供し、障害を理解する取り組みや高校生自身の進路を考える機会にもなっている。高校生が参加して、大学生と一緒に教材作り

図9-3　本活動の全体図
出所：細谷・北村・五十嵐・廣畑・岡山（2017）を修正。

図9-4　大学生と一緒に教材作りをする高校生

を行っている実際の様子を図9-4に示す。

　このように、サマースクールは参加している児童生徒だけでなく、支援をしている大学生や高校生にとっても学びの場としての役割を担っている。

（2）　サマースクールの取り組み

　毎年11月ごろになると学生の有志が集まり、「サマースクール in 函館実行委員会」が組織され、翌年8月のサマースクールの開催に向けてさまざまな準備が行われる。これらの活動はすべてボランティアによって行われている。準備委員会の設立から当日までの流れを図9-5、サマースクール in 函館実行委

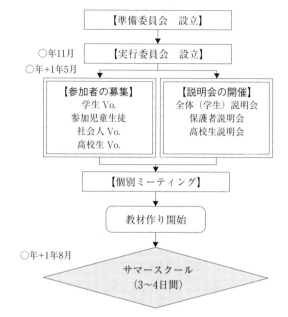

図 9-5 活動に向けた具体的な準備活動

出所：細谷・北村・五十嵐・廣畑・岡山（2017）を修正。

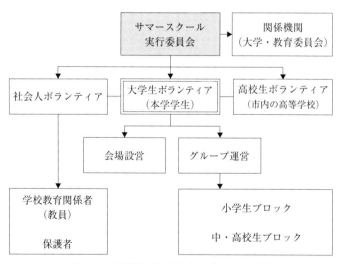

図 9-6 夏期休暇支援プログラムの組織

出所：細谷（2016）を修正。

員会を中心とする組織図を図9-6に示す。

　現在の活動は、小学生ブロックと中・高校生ブロックの2つに分かれており、各ブロック3〜5グループ（1グループ3〜6名の児童生徒）編成で組織されている。活動はブロック活動（全体で実施）とグループ活動（各グループで実施）の2つに分かれており、各担当者が活動の企画を考えて行っている。実際の活動の様子を図9-7に示す。

図9-7　サマースクール当日の活動の様子

（3）　今後の取り組み

　サマースクールに参加している学生を見ていると、障害理解はもちろんのこと、卒業後の教員生活に必要な教材作り、保護者との連携にとどまらず、学生同士の人間関係や組織人としての行動など、実にさまざまなことを学んでいる。障害のある児童生徒の余暇を支援することは何も特別なことではなく、共生社会の形成を目指すうえでは必要な取り組みの一つであると考えられる。そのためにも支援者側の視点ではなく、参加している子どもたちの目線に立った活動内容の創造が必要となる。

　また、サマースクールの活動だけで彼らの QOL が高まるわけではない。障害の程度にかかわらず誰でも参加できる場が必要であり、選択肢を増やすことが大切である。実際に筆者の一人は、「サマースクール in 函館」の活動だけでなく、「スペシャルオリンピックス日本北海道函館プログラム」や「チャレンジサークル・つばさ」（函館市教育委員会委託事業）なども開催している。これらの活動が、障害のある子どもたちにとって「○○しかない生活」から、「○○もある生活」といった、彼らの生活のなかの選択肢の一つになることを期待している。

　　おわりに

　本活動は 20 年以上も継続している北海道教育大学函館校の地域貢献事業である。現在、障害のある子どもたちを支援する団体や組織が多くなってきているが、本活動の最大の特徴は大学生が主催している点である。そのため、他の機関にはできない「大学だからこそできること」「大学生だから考えつくこと」を最大限に追求し、障害のある子どもたちにとって、学校でも家庭でもない「第3の場」として位置づき、参加をすることで新しい学生との出会いが、彼らの発達に影響を与えてくれることを願っている。

　また、2019 年度入学生より、地域教育専攻の重点科目「特別な教育的ニーズ科目」として、「フィールド研究Ⅰ（フレンドシップ）」を必修科目として位

置づけた。これにより地域教育専攻の 1 年生全員が本活動に参加し、知的障害の子どもと関わる経験をすることとなった。

　伊藤（1973）は、「障害児教育や福祉活動の成果は、究極のところ、社会一般が障害児をどのように受けいれていくかということにかかっている」と述べている。障害のある子を受け入れる社会を実現するために小学校教員の役割は重要であり、地域教育専攻の学生がその重要な役割を担ってくれることを期待している。さらに、障害児教育や障害者福祉を専門としない学生が、本活動の継続的な参加を通して、近い将来のインクルーシブ社会実現の理解者となれるべく、さまざまな知識・技能・態度および習慣の育成に向けた取り組みが必要となる。その意味では、地域教育専攻の学生のみならず、地域協働専攻の学生にとっても積極的な受講ができるような仕組みをつくることが必要となる。

付　記
2019 年度の「サマースクール in 函館」の運営は以下の構成委員で組織されています。
〈サマースクール in 函館〉
　代　表　五十嵐靖夫　　（北海道教育大学函館校　教授）
〈サマースクール in 函館実行委員会〉
　代　表　細谷　一博　　（北海道教育大学函館校　教授）
　副代表　五十嵐靖夫　　（北海道教育大学函館校　教授）
　副代表　北村　博幸　　（北海道教育大学函館校　教授）
　副代表　廣畑　圭介　　（北海道教育大学函館校　講師）
　副代表　北海道教育大学附属特別支援学校　教諭
〈サマースクール in 函館 URL〉
　http://www2.hak.hokkyodai.ac.jp/disable-lab/samasuku_top.html

引用文献
伊藤隆二（1973）『障害児教育の思想』ミネルヴァ書房、26 ページ。
鈴木洸平・細谷一博（2016）「知的障害児・者の余暇支援における保護者のニーズ ― 北海道 H 市を中心としたアンケートを通して ― 」『北海道教育大学紀要（教育科学編）』第 66 巻第 2 号、77-88 ページ。
デュマズディエ, J. 中島巌訳（1973）『余暇文明に向かって　第 4 版』創元社、19 ページ。
函館市（2018）「第 5 期函館市障がい福祉計画（平成 30 年～平成 32 年度）」。

細谷一博（2007）「知的障害児・者の居住形態からみた余暇活動の実態と余暇活動支援機関の機能」『発達障害支援システム学研究』第 7 巻第 1 号、1-7 ページ。

細谷一博（2011）「長期休業中における知的障害児の余暇実態と保護者ニーズに関する調査研究」『発達障害支援システム学研究』第 10 巻第 1 号、11-17 ページ。

細谷一博（2016）「発達障害者の余暇支援」日本発達障害学会監修『キーワードで読む発達障害研究と実践のための医学診断／福祉サービス／特別支援教育／就労支援　福祉・労働制度・脳科学的アプローチ』福村出版、90-91 ページ。

細谷一博・北村博幸・五十嵐靖夫・廣畑圭介・岡山努（2017）「長期休業を活用した知的障害児の余暇支援 ― サマースクール in 函館の 20 年の取り組みを通して ―」『北海道教育大学紀要（教育科学編）』第 67 巻第 2 号、77-84 ページ。

Schalock, R. L.（2002）Quality of life : Its conceptualization measurement and application『発達障害研究』24 巻、87-120 ページ。

謝　辞

本活動の実施にあたり北海道教育大学附属特別支援学校の紀藤典夫校長をはじめ、多くの先生方にご協力を頂いております。この場をお借りしてお礼申し上げます。

コラム5　多様性社会の教育にSOGIの視点を

　皆さんは「SOGI」という語を知っているだろうか。この語は、われわれが多様であることを示す大事な概念である。Sexual Orientation & Gender Identity（性的指向と性自認）の頭文字をとって構成された語であり、「ソジ」と読む。

　私たち一人ひとりの可能性や生き方の幅を広げ、個人の能力を豊かに開花・発揮させていくために、教育の持つ力は大きい。「教育」とはわれわれをつくり、またわれわれがつくられる日常的な営みのことであり、学校のみならず、家庭や社会のなかでも教育は行われている。

　もし、この教育という日々の大切な営みのなかに、われわれが多様でユニークな存在であることを知りうるメッセージが含まれていなかったら、われわれ個々人のあり方や社会のありようはどうなるだろうか。はたしてわれわれは、自身や他者のあり方や尊厳を考えたり、共生社会を生きるうえで欠かせない豊かな感性を十分に育んだりすることができるのだろうか。

　とりわけ日本社会では、性別によって社会的地位や処遇が異なるのは当然だという「性別特性論」によって、多様なわれわれという存在が男女というくくりで二元的に分類され、性別によって異なる経験を受けてきた。教育制度上は男女の教育機会が均等であるにもかかわらず、性別特性の考え方によって結果的にジェンダーによる不平等が維持・再生産されてきた。個人の可能性や生き方の幅が、性別による決めつけで知らず知らずのうちに制限されているのである。

　この性別の決めつけは、性が男女2つしかないというものの見方・捉え方にも強く関係し、われわれの多様性への理解を狭めている。しかし、少し周囲を見渡してみよう。すでに世界には、パスポートに男女以外の性別がある国があったり、SNSによっては50以上の性別があったりするものもある[1]。性染色体や生殖器等の身体的側面だけみても、性別は2種類では収まらない。恋愛・性愛の対象となる性は何なのか（性的指向）、自分の性別をどう認識し位置づけているか（性自認）等も踏まえると、われわれは実に多様で、男女2つという二元論では表現できない豊かさを持っている。われわれを無理やり男女二元論に押し込めることのほうが、むしろ不自然なほどである。SOGIという概念は、このようにわれわれが多様であることを教えてくれる概念なのである。

　多様でユニークな私たちが自己と他者の尊厳を大切にしながら共生社会を豊かに生きていくためには、性の決めつけであるジェンダー・バイアスに気づき、その問題を考え続けることのできる学びが重要になる。国際社会では、性の多様さを持つ子どもたち（LGBT の子どもたち）がいじめや暴力の被害に遭いやすいという実態が明らかにされており[2]、国連では 2013 年から "Free & Equal" というキャンペーンを開始するなど重点課題にもなっている[3]。日本の学校における状況については、例えばヒューマン・ライツ・ウォッチが、LGBT の子どもたちを取り巻く問題を報告している[4]。

　改めて、われわれの自己形成、すなわち教育の過程に、われわれの多様さを学ぶ機会やメッセージが盛り込まれているだろうか。われわれが知りうる情報は、自己や他者の尊厳を大切にし、共生社会をともに生きるための公正で妥当なものになっているだろうか。自治体や教育委員会によっては、例えば図のように、性の多様さに関する啓発パンフレットを作成する等の取り組みも見られ始めた[5]。これからの社会や教育にこそ、SOGI という概念は欠かせない。

図　函館市の LGBT 啓発パンフレットの一部

注

1) ハフィントンポスト日本版「Facebook の性別欄は58種類！ 男性でも女性でもない性のこと」2018年5月21日、https://www.huffingtonpost.jp/abe-chiyo/lgbtq-diversity_a_23439464/、2019年10月30日最終アクセス。

2) UNESCO（2015）*Insult to Inclusion*（侮辱から包摂へ）、https://unesdoc.unesco.org/ark:/48223/pf0000235414、2019年10月30日最終アクセス。

3) 国際連合広報センター「LGBT」、https://www.unic.or.jp/activities/humanrights/discrimination/lgbt/、2019年10月30日最終アクセス。

4) ヒューマン・ライツ・ウォッチ（2016）『「出る杭は打たれる」日本の学校におけるLGBT 生徒へのいじめと排除』、https://www.hrw.org/sites/default/files/report_pdf/japan0516_japanesemanga_web.pdf、2019年10月30日最終アクセス。

5) 函館市のパンフレットには、「性的少数者の割合や人数にかかわらず、性的少数者への理解が進められ、誰もが暮らしやすい社会をともにつくっていくことが何より重要です」とのメッセージが載せられている。パンフレットは下記の URL からダウンロード可能である。

【LGBT を知っていますか？（函館市）】令和元年9月函館市発行、https://www.city.hakodate.hokkaido.jp/docs/2019031200073/files/all_LGBT_R1.pdf。

（木村　育恵）

余　　話

江差追分でたどる地域と人々の姿
― 総合的な学習の時間「地域の伝統や文化」
のための教材開発に向けて ―

は じ め に

A：それで、卒論のテーマは決まったの？

B：江差追分をやろうかなって考えています。

A：江差追分？　江差追分で何をやるの？

B：「総合的な学習の時間」で江差追分を扱えないかなって。「総合的な学習の
　時間」のために、江差追分を教材化できないかなって。

A：「地域の伝統や文化」っていうカテゴリーのもとで扱うわけね。それで、
　その手始めとして、江差追分について何か調べてみたの？

B：ええ、ちょっとだけ。教材化するにも、それ以前に江差追分って何かわか
　らないとダメだと思って。先生、江差追分の歌詞って、いくつぐらいあると
　思いますか。

A：1つじゃないの？　あの「かもめの鳴く音にふと目をさまし　あれが蝦夷地
　の山かいな」という歌詞……。

B：それが違うんです。いくつかわからないぐらいたくさんあるみたいです。
　吉田源鵬という人の本には、2,400 余首と書いてありました。そしてその本
　には、北海道に関係の深いものを中心に、807 首が載っていました。

A：本当なの？　歌詞の1番、2番というわけじゃないの？　ちょっとにわかに
　は信じられないけど……。それが本当なら、驚きの事実だね。ごく常識的な
　歌のイメージしか持っていない私のような者にとっては、これまでの常識を

覆されるような驚きの事実だね。

B：江差追分は、長い時間のなかで作られてきたので、時代によって歌の形が
違うみたいです。古調追分節と言われるものは、「本唄（本歌）」に、囃子言
葉がつけられて歌われていたそうです。それが古い形です。これとは違って、
時代がかなり下って大正の後期になると、また別の形ができました。「前唄」
「本唄」「後唄」がそろった「組唄」というのがそれです。これには、新たに
尺八の送り囃子がつけられるようになりました。でも、この組唄は一気に完
成したのではなく、明治の中葉に前唄がつけられ、それから時間をかけて大
正後期に完成したらしいです。

A：なるほど。今あなたが言ったように、民謡が長い時間をかけて作られてき
たのなら、それぞれの時代にはその時代に特有の歌詞やメロディーが作ら
れ、歌われてきたはずだね。それなら吉田さんが言うように、歌詞が 2,400
余首あってもおかしくはないね。そうだとするなら、江差追分の歌詞を見る
ことによって、その歌が作られた時代や、その時代に生きた人々の様子や心
情を探ることができるんじゃないかな。

1. 江差追分前史 ― 北国街道と北前船航路 ―

B：先生、江差追分のルーツってどこかわかります？ なんと、信州なんです
よ！ 信州の馬子唄、追分節がルーツなんですよ。しかもこの追分節は、江
戸時代に歌われるようになったんですって。

　信州って山国なんですけど、五街道の一つ中山道が通っていて、そのほ
かには、北国街道、信州街道、佐久甲州街道などの脇往還と呼ばれる道があ
るんです。もちろん、これ以外に、村と村を結ぶ里道、峠を越えるたくさん
の山道があって、これらの道は、旅人だけでなく、地元民にとっても生活物
資を運ぶための大事な役割を果たしていました。

　江戸時代には、中山道の浅間根腰の三宿、つまり軽井沢、沓掛、追分の
宿が特ににぎわったそうです。この三宿を中心に歌われ、形を整えてきた馬

子唄が追分節と呼ばれました。これは、「馬方三下り」の一種で、「三下り追分」とも呼ばれました。その馬子唄のなかには、伝馬荷物を運ぶ馬子や中馬稼ぎの百姓たちが、日々の労働のつらさや、現実にはかないそうもない願いを歌ったものがあります。例えば、「つらいものだよ馬喰の夜道　鳴るはくつわの音ばかり」は、夜に物資の運搬をしなければならないつらさを歌ったものです。そうかと思うと、「二両で買った馬十両に売れた　八両もうけた初馬喰い」のように、現実にはなかなか実現しそうにない願望を、それだからこそかえって景気よく歌ったものもあります。

A：江差追分のルーツは、信州にあるんだね。「追分」って何だろうと思っていたけど、地名なんだね。それで、この「追分」っていう地名には、何かいわれでもあるの？

B：一つの説は、「追分」という言葉の意味は、「街道の分かれ道」ということだけれども、その意味は、もともとは牛や馬を「逐い分ける」ということであった、というものです。もう一つの説は、古い文書に「送分」と地名が表記されていること、また、中山道と北国街道の分岐点が「分去れ」と呼ばれていたことから、「追分」という地名は、いくら愛する者同士が離れがたく思っていても、ここで分かれ（別れ）ざるをえないという人間の宿命、人間である限りどんな人ともいつかはどこかで分かれ（別れ）ざるをえないという人間の宿命が表された地名である、という説です。私は、どちらの説が正しいかどうかというようなことよりも、どちらの説も「追分」っていう地名の成り立ちを、生活者の目線できちんと説明しているって考えたいです。両方を受け入れたいです。

A：私も同感だね。その方が、「追分」という言葉を見たり聞いたりしたとき、「追分」という言葉が喚起するイメージが重層的に立ち現れてくるし、意味に厚みがでてくると思うよ。

　それで、この「追分」という地名にちなんだ歌はあるの？

B：あります。「西は追分東は関所　関所越えれば旅の空」「追分桝形の茶屋でほろと泣いたが　忘らりょか」「送りましょうか送られましょか　せめて桝形の茶屋までも」。この「桝形」というのは、追分の西の外れにあった、旅

人を調べるところです。だから、見送りもここまでなんです。ここから先は
ついていけないので、ここで別れなければならないんです。

Ａ：なるほど。ここで悲しい別れが待っているんだね。

　　ところで、この信州の馬子唄というか、追分節というか、これがどのよ
うにして江差追分になっていくの？

Ｂ：追分節は、この信州の追分付近で馬子たちによって歌われていたこれらの
馬子唄が起源だというのはいいですよね？　この馬子唄が酒席などで歌われ
るときに三味線の曲をつけられて、それが追分と呼ばれるようになりまし
た。この追分が、北国街道を行き来する人々、つまり荷物運搬の馬子や旅の
瞽女、あるいは参勤交代の武士によって越後に伝えられました。そしてこの
追分が、越後という土地の風土・人情によってさらに練り上げられ、越後追
分といわれるものになったんです。

　　この越後追分が北前船の航路を通って、蝦夷地に伝えられました。一方
それよりも若干早く、同じく越後から「松坂くずし」が蝦夷地に伝わってい
て、それが謙良節として歌われていました。ですから、多くの人は、江差追
分は、越後追分と謙良節が結合してできたものだと考えています。

　　蛇足ですけど、北前船の航路沿いでは、酒田には「酒田追分」、本荘には
「本荘追分」がありますが、これは、これらの土地に伝わった越後追分がも
とになって成立した追分だそうです。また、北前船が、この時代の情報伝達
に一定の役割を果たしていたことがうかがえるエピソードもありますよ。田
沼意次の時代に江戸では、「田沼様には及びもないが　せめてなりたや公方
様」という歌がはやっていたそうです。この歌がまもなく地方に伝えられ、
越後の新発田では「新発田五万石およびはないが　せめてなりたやとのさま
に」、酒田では「本間様には及びもないが　せめてなりたやとのさまに」と
歌詞が変えられて歌われたそうです。これが、蝦夷地に伝わると、「忍路
高島及びもないが　せめて歌棄磯谷まで」という歌詞になりました。

2. 江差追分の成立と展開 —鰊漁と出稼ぎ者たち—

A：江差追分の起源について話してもらう前に、江差追分が成立してきた時代の江差の様子ってどうだったの？　ちょっと教えてくれないかな。

B：松前藩の支配体制が確立してくるとともに、江差もまた繁栄に向かっていきます。

　寛永 7（1630）年には、江差に沖ノ口番所が置かれました。この沖ノ口番所というのは、船、積み荷、旅人を検査して、税を取り立てる所です。松前藩は、これによって藩の税収増を図りました。またこれにともなって、江差はこの地域一帯の物資の集積地としても、その重要性を高めていくことになります。

　さらに 17 世紀の後半になると、北前船の西廻り航路が開かれましたが、これは、江差ばかりでなく蝦夷地にとっても大きな意味を持つ出来事でした。またこのころには、ひのき材の需要が高まったことで、多くの杣夫が必要になり、津軽、南部方面から多数の人がこの地に入ってくるようになりました。そしてこの時期には、桧山奉行所が上ノ国から江差に移され、これ以後、江差は商港としてばかりでなく、奉行所の所在地としても、この地域一帯の中心としての地位を確立し、繁栄の基礎を築きました。

　そして 18 世紀半ばには、江差は最盛期を迎えます。本州との商取引の増大にともなって、船もそれまでより大型化しました。それまでの「北国船」から「弁財船」への変化です。また、漁業については、このころに「仕込み」というものが盛んに行われるようになりました。これは江差地方の商人たちが、漁師に対して漁に必要ないっさいの経費を貸し付け、その決済を漁獲物で行うというものです。このやり方で巨利を得、一代で大商人にまでなった者もいます。漁師たちは、初めは江差、松前沖を漁場として鰊漁に携わっていましたが、やがてより多くの鰊を求めて、より北の漁場を目指すようになりました。その最も遠くの場所が、「奥場所」と呼ばれた所です。この鰊漁の隆盛とともに、本州各地から多くの人が蝦夷地にやって来ました。

この時代に地元の人が詠んだ句に「越後衆も能登衆も交る盆踊り」というものがあるそうですが、これなんかは、本州方面からたくさんの人がこの地にやって来たことを雄弁に語っていると思います。それに、江差追分の歌詞に「(138) 江差の五月は　江戸にもないと　誇る鰊の　春の海」というのがあるんですけど、これも、このころのことを歌ったものと考えると、江差の繁栄が生き生きと描かれていて、私はとても好きです。

A：なるほど。今あなたが話してくれたような江差の繁栄を背景に、江差追分が成立してくるんだね。

B：ええ。蝦夷地に本州方面の追分節が伝わって独自の曲調を表すようになった時期は、残念ながら今のところわからないそうです。でも、本州の各地が飢饉に見舞われ、蝦夷地にやってくる人が増加し、さらに北の海での鰊漁が盛んになった天明期（1781 ～ 1789 年）のころが、そうじゃないかという人が多いそうです。

　それに続く寛政年間（1789 ～ 1801 年）には、座頭の佐ノ市が、南部津軽方面から江差にやって来て、天性の美声で人気を博し、江差追分を大成したと言われています。

A：なるほど。それで、この時期の江差追分って具体的にはどんなものだったの？

B：江差追分の「(258)　鴎（かもめ）の鳴く音（ね）に　ふと目を覚まし　あれが蝦夷地の　山かいな」という歌詞は、故郷に妻を残し、はるか本州方面から江差、松前を目指して働きに来た人が、朝、目を覚まし、乗っている船から蝦夷地を眺めやったときの感慨を歌ったものと捉えることができると思います。ここには、新しい土地に対する期待や希望というよりも、故郷に残してきた妻を思う心、一人蝦夷地で働かねばならぬ寂しさ、心もとなさが表現されているように思います。

　あの、ちょっと蛇足ですけど、歌の前に付けてある番号は、吉田さんが本に載せている歌に付けている番号です。この番号があると、私たちが江差追分の歌詞について話したり研究したりするとき、とても便利だと思います。どの歌詞のことを言っているのかすぐわかりますから。

A：なるほど。それは便利だね。

　じゃあ、話の本筋に戻ろう。その歌を、そのように解釈することができるとするなら、当然、これとペアになるような形で、後に残された妻の心情を歌った歌詞があってもおかしくないはずだよね。

B：ええ、そうですね。これなんかは、妻の心を歌った典型的なものじゃないかと思うんですけど。「(203) 忍路高島　及びもないが　せめて歌棄[ママ]つ　磯谷まで」という歌詞は、江差の海よりもさらに遠い北の海（奥場所）にまで漁に行った夫を思う妻の心を歌ったものと解釈されます。でもこの歌詞には、単に夫を思う妻の心を投影したものという以上の、もっとドラマチックで悲しい物語が隠されているんですよ。この歌は、人々によって、次のような悲しい物語から生まれたと語り伝えられています。

　越中高岡のある漁夫が蝦夷地に出稼ぎに行った。しかし、その妻は夫恋しさのあまり、夫を追って蝦夷地に向かった。ようやく箱館までたどり着いたが、夫はそれよりも遙か遠くの奥場所まで行っていることを知る。しかし、その奥場所には女人禁制の神威岬を越えていかねばならず、夫には会うことができないと言われてしまう。これを聞いた妻は茫然自失し、ついには狂いだして「(203) 忍路高島　及びもないが　せめて歌棄[ママ]つ　磯谷まで」と歌いながら街中をさまよい歩いた、という物語です。

　この女を哀れんだ人々は、これを歌い伝え今日に至っているということです。先生、これって私たちの心を揺さぶる、悲しいけど感動的な物語だと思いませんか？

　またこの歌には、最後の2文字を変えた「忍路高島及びもないが　せめて歌棄磯谷たけ」という歌詞もあるそうです。この歌にも一つのエピソードが残されています。でもこっちの方は、悲しい物語なんかじゃないですよ。天保のころ、住吉屋西川家は、千石場所として知られた忍路・高島、歌棄・磯谷の各場所の漁業権を請け負っていました。この権利を何とかして西川家から奪おうと、ある男が藩の重臣に取り入ろうとしていました。この歌詞は、この男を風刺したものと言われています。こちらは「せめて歌棄磯谷まで」という歌詞の2文字を「せめて歌棄磯谷たけ」に変えることで、「せ

めて歌棄磯谷」の漁業権だけでも認めてくださいと言って、この男が利権を求めて画策するさまを風刺する内容へと転換し、この男を揶揄し皮肉っていると思われます。

A：「忍路高島」の歌詞の背景には、女人禁制の神威岬があるようだけど、これはどういうことなの？

B：松前藩は、アイヌの人々との交易を独占し、その利益を守るために、和人を和人地の中に囲い込み、アイヌの人々との接触をできるだけ禁止するような政策をとっていました。それは、アイヌの人々との紛争を避けるためという意味もあって、奥地への和人の定住を禁止したんです。それが、神威岬以北の女人禁制という政策になって表れました。この禁制は、元禄の初期に出されたと言われています。

　この禁制が出されてから多くの伝説や物語が作られたと、研究者は言っています。もしそうなら、これからお話しする義経伝説は、江戸時代以降に作られたことになって、ちょっとがっかりしちゃいました。でも、これらの伝説や物語の原型になるものが、義経の死後すぐに作られていたんじゃないかなって思いたいです。単なる私の願望ですけど。

　それじゃあ気を取り直して、義経伝説をお話ししますね。

　奥州を逃れ蝦夷地にたどり着いた義経は、積丹半島の辺りに上陸し、その地の長老を従えました。長老には娘があったのですが、その娘は許婚（いいなずけ）があるにもかかわらず、心密かに義経を慕うようになったそうです。大望のある義経は、娘の情にほだされることなく、ある日密かに船を出してさらに北を目指しました。それを知った娘は、狂ったように義経の後を追いましたが、父の長老は、娘を 邪（よこしま）な恋に狂う女として神威岬の巌頭で斬り殺しました。その後、その娘の許婚であった男がこの地にやって来て、赤い花の咲いた美しい草を見つけ、それで草笛を作って吹いたところ、悲しいメロディーが流れ出てきたということです。その曲が今日の江差追分の曲だといわれています。

　もう一つの伝説は、話の筋は今のと同じなんですが、最後が違っています。岬の巌頭に立ったアイヌの姫は、沖を行く義経の船を見て、これ以後、

和人の船が女を乗せてこの沖を通ったならば、必ず沈没させてやると呪いの言葉を唱えて、海に身を投げて死んでしまったという話になっています。

　　この伝説は、迷信深い船乗りたちによってずっと信じられるようになりました。ですからこれ以後、ここを通る船乗りたちはその船に女を乗せなかったということです。これは、幕末まで続いたそうです。

A：なるほど。伝説の真偽はともかく、神威岬の沖はきっと海が荒くて、船の航行が難しい所だったのかもしれないね。それがこのような伝説を作りだしたのかもしれないね。

　　ところで、この神威岬を歌った歌詞はあるの？

B：結構ありますよ。「(130) 恨みあるかよ　お神威様は　何故に女の　足とめる」「(131) 恨みますぞえ　お神威様を　メノコ呪うて　なになさる」「(142) 蝦夷地海路に　お神威なくば　連れて行きたい　場所までも」「(144) 蝦夷地恋しや　お神威様よ　せめて思いを　忍路まで」「(145) 蝦夷で名高い　お神威様は　なぜに女の　足とめる」

3. 江差追分の伝播・流布 ─北海道内各地への広がり─

A：今、話してくれたのは、おおよそ江戸時代のことだね？　明治になってからはどうなの？

B：わかりやすくするために極端なくらい単純化すれば、江戸時代は、江差地方というか、北海道の西海岸辺りが歌の舞台になっているようです。人々はあまり内陸深くまで入り込んでいなくて、ほとんど海岸部が生活の場になっていたみたいです。

　　でも明治時代になると、北海道の開拓が本格的に始まり、人々は内陸部にもどんどん入っていくようになります。

A：そうすると、そこでも「(258) 鴎の鳴く音に」や「(203) 忍路高島」が歌われているの？

B：もちろんそういうこともありますが、民謡っていうのは、人々が労働や生

活のなかでまさにそのときその場で感じたことを歌ってきたというものなので、当然人々の労働や生活の場や状況が変われば、それに応じて、人々のそのときの心を反映した、また新たな歌が生み出されるようになりました。

A：なるほど。だからあなたが先に、江差追分の歌詞は１つではなく、たくさんあると言った意味がわかったよ。それで、今度はどんなものがあるの？

B：北海道の地名が詠み込まれたものが結構あります。おそらく、開拓のために入っていった土地のことを詠んだんだと思います。北海道の至る所の地名が出てきますよ。でも、これらはすべて明治時代のものだとはいえないかもしれません。大正、昭和のものもあるような気がします。

A：それじゃあ、明治だけでなく、大正、昭和の歌も含まれているということで説明してくれないかな。

B：「(31) 汗と油で　開いた小村　今はその名も　緋牛内」は、まさに人々が苦労して原野を拓き、村を作った様子を描いています。こんなふうにして、道内の各地が拓かれていったんですね。

　「(210) 小樽港へ　いま着く船は　きみが情けの　便り船」「(211) 音威子府から　天塩へ下る　船は便りも　積んでくる」「(717) わたしゃ襟裳で浦河越えて　船で行きます　静内へ」。これらの歌詞からは、北海道の各地を結ぶのに、船が大きな役割を果たしていたことがわかります。でも、船が重要な交通手段だったのは、江戸時代もそうなので、ここに出てくる船が、明治時代の船を指しているのかどうかはよくわかりません。でも、汽船なら明治時代以降のものだと考えてもいいですよね。「(461) 内地かえりか　厚内沖に　通る汽船が　懐かしや」「(544) 箱館通いか　湧別沖を　とおる汽船が　なつかしい」「(472) 名残り淋しい　煙をあとに　船は港を　出でて行く」。

　北海道の各地をつなぐのは船ばかりでなく、開拓が進むにつれて、汽車も大きな役割を果たすようになります。「(677) 山は海抜　千七百の　上を狩勝　汽車が行く」「(170) 逢うたばかりで　つれない別れ　西と東へ陸蒸気」「(221) お前の心は　幌向行きの　汽車の煙で　あとがない」。これらの歌詞からは、汽車が人々の生活の中にとけこんだ交通機関となってい

ることがわかります。それに「170」と「221」は、男女の別れを詠んでいて、汽車が別れを演出する舞台装置になっています。

　「(647) 豆の俵を　五万と積んで　秋は賑 あ［ママ］う　十勝駅」「(422) 石炭は夕張　ふいごは鍛冶屋　鉄は蝦夷では　生田原」「(459) 奈井江で稼せごか　鉱夫になろか　ここで奔別 せにゃならぬ」「(500) 仁木のリンゴも　余市にまけぬ　色のよいのと　味のほど」。これらの歌には、道内各地の産業が詠まれています。「422」は、「鉄は蝦夷では　生田原」と詠んでいますが、でも、生田原は銅の鉱山として有名で、それが開かれたのは昭和10年だそうです。ですからこの歌は、昭和になってから作られたんじゃないかなと思います。「459」の「奈井江」と「奔別」は炭鉱があったところらしいです。だから「鉱夫になろか」と詠まれてます。

　そのほかには、地名を並べて作った地口・駄洒落の類があります。それらの多くは、男女の心のすれ違いを、地名を詠み込むことでおもしろおかしく歌っています。「(4) 逢いに北見か　主や白糠よ　たぬき根室で　釧路向き」「(442) 当麻はやりて　安足間　恋の愛別　丸瀬布」「(478) なにを由仁も　心は空知　輪西や知床　清真布」「(273) 北見のままだよ　石狩枕帯も十勝で　一根室」「(296) 口で夕張　心は空知　なぜにまごころ　岩見沢」。

A：なるほど。こうして見てくると、明治以降の歌詞は、確かに江戸時代とはまた違った北海道の人情風俗を歌っているね。江戸時代の「忍路高島」のような哀調を帯びた曲と違って、明治の新しい時代が来たんだという、この時代のある種の明るさのようなものも伝わってくるね。

　おわりに

A：今、明治時代の歌詞について教えてもらったけど、これらの歌詞の雰囲気は、私の知っている江差追分とはかなり違っているように思えるね。

B：ええ、そうですね。前にも言いましたけど、民謡は長い時間のなかで作ら

れてきたので、その過程ではさまざまな歌詞が作られ歌われました。それらのなかで、どんな時代の人にも愛され歌い継がれて残っているのが、私たちが現在手にしている民謡なんです。

　それだから、江差追分もまた、江戸時代そして明治になっても、たくさんの歌詞や曲調で歌われていました。でも、各人各様に歌っていたんでは、一般の人にはどれが正統派の江差追分なのかがわかりません。そこで、明治42、43（1909、1910）年ごろに、正調江差追分を確立するための動きが起こったらしいです。そのなかでも、平野源三郎という人が、「正調江差追分節研究会」を組織して、江差追分の統一化に取り組みました。このような活動の結果、「七節七声、二声上げ」が江差追分の基本であるとされたそうです。これらのことによって、「江差追分って何？」と聞かれたとき、私たちがすぐに「ああ、あれのことね」ってイメージできるようになったんです。だから、私たちが江差追分だと思っている江差追分は、明治の40年代に作られたんです。

Ａ：なるほど。あなたの話を聞く前は、江差追分についていくらかは知っているつもりだったけど、何にも知らなかったということが今日はよくわかったよ。

　それじゃあ、次回からは、今回調べたことを踏まえながら、具体的な授業内容について考えていくことにしようか。そうだな、次回は、子どもたちにどんな学習活動をさせたいのか、考えてきてくれないかな。

（羽根田　秀実）

参考文献

江差追分会（1982）『北海道無形民俗文化財　江差追分』江差追分会。

館和夫（1989）『江差追分物語』北海道新聞社。

吉田源鵬（1992）『言放題　いいたかふんじゃん』源鵬庵。

第3部

シンポジウム

1. 概　　要

　北海道教育大学函館校は、2019（令和元）年6月28日、公開シンポジウム「国際地域研究の現実的課題 ─ 国際化の中でさぐる地域活性化へのカギ ─」を函館校第14講義室で開催した。

　昨年の第1回シンポジウムに続くもので、開会挨拶に立った北海道教育大学の蛇穴治夫学長は、「大きな時代の転換期にあって現代社会は新たな課題に直面している」として、「本日のシンポジウムが函館の地から国際地域研究の新たな指針を示す契機となるよう祈念する」と述べた。

　シンポジウムは、第1部として、元外務審議官で日本総合研究所国際戦略研究所理事長の田中均氏による基調講演「国際関係の行方 ─ 日本はどう取り組む？」を行った。田中氏は、「平成の30年間に何があったのか」と切り出し、グローバライゼーションの結果、世界はどう変わり、どのような難題にぶつかっているかについて明解な分析を披歴した。さらに米中対立や朝鮮半島情勢など「4つの危機」に日本はどう向き合っていくかについて、自身の外交官時代の体験も踏まえながら、臨場感あふれる1時間の内容豊かな講演を行った。

　第2部の連続講演では、後藤泰宏教授（当時、函館校キャンパス長）が「国際地域研究を生かした教員養成」をテーマに、また函館校の森谷康文准教授が「日本における多文化共生施策の現状と課題」について、函館校の田中邦明教授が「エジプトでの国際教育協力プロジェクトの経験から ─ 国際地域学科による国際協力の可能性と意義 ─」について、それぞれ研究発表を行った。

　第3部のパネルディスカッションでは、田中均氏と函館校の孔麗教授、森谷康文准教授、古地順一郎准教授が登壇して、グローバライゼーションは日本、北海道・東北地方などに何をもたらしているのか、地方の再生・活性化のカギは何かについて議論し、いくつかの提言が打ち出された。会場からは「市長や、もっと多くの人々に聞いてもらいたい内容だった」との声が上がった。

　シンポジウムには約100人の学生、市民たちが参加した。

　今回のシンポジウムは、『北海道新聞』[1]と『函館新聞』[2]で紹介された。

　昨年の第 1 回シンポジウムの内容は、2019 年 3 月刊行の、北海道教育大学函館校国際地域研究編集委員会編『国際地域研究 Ⅰ』（大学教育出版）に収録されている。

　函館校では、今後も、国際地域研究についてさまざまな取り組みを続けていく予定である。

シンポジウム基調講演全景

注
1)　『北海道新聞』2019 年 6 月 12 日（水）、第 16 面「国際地域研究　27 日にシンポ　道教大函館校」。
2)　『函館新聞』2019 年 6 月 14 日（金）、第 1 面「国際化テーマに　函教大　27 日に公開シンポ」。

北海道教育大学函館校「国際地域研究シンポジウム」

国際地域研究の現実的課題
── 国際化の中でさぐる地域活性化へのカギ ──

参加
無料

プログラム

● 14：45～15：45　基調講演

国際関係の行方 ── 日本はどう取り組む？
田中 均（日本総合研究所国際戦略研究所理事長、元外務審議官）

● 15：55～16：40　講演

1. 国際地域研究を生かした教員養成
後藤泰宏（北海道教育大学函館校教授）

2. 日本における多文化共生施策の現状と課題
森谷康文（北海道教育大学函館校准教授）

3. エジプトでの国際教育協力プロジェクトの経験から
── 国際地域学科による国際協力の可能性と意義 ──
田中邦明（北海道教育大学函館校教授）

● 16：50～17：50　パネルディスカッション

田中 均 氏
㈱日本総合研究所国際戦略研究所理事長
元外務審議官

　1969年京都大学卒、外務省入省。オックスフォード大学修士課程修了。在サンフランシスコ日本国総領事、経済局長、アジア大洋州局長、政務担当外務審議官を経て2005年退官。同年より（公財）日本国際交流センターシニア・フェロー、2010年に（株）日本総合研究所国際戦略研究所理事長に就任。2006年から2018年まで東京大学公共政策大学院客員教授。
　著書に『日本外交の挑戦』（角川新書、2015年）、『プロフェッショナルの交渉力』（講談社、2009年）、『外交の力』（日本経済新聞出版社、2009年）など。

2019年6月28日(金)
14：40～18：00

北海道教育大学函館校　第14講義室

事前申込・お問い合わせ
（お席に余裕があれば当日の受付も可能です）

hue

北海道教育大学函館校室学術情報グループ
函館市八幡町1番2号　TEL：0138-44-4228　FAX：0138-44-4381
e-mail：hak-tosho@j.hokkyodai.ac.jp

［シンポジウム　ポスター］

公開シンポジウム
「国際地域研究の現実的課題 ― 国際化の中でさぐる地域活性化へのカギ ―」
プログラム

日時：2019 年 6 月 28 日（金）14：40 ～ 18：00
場所：北海道教育大学函館校第 14 講義室
主催：北海道教育大学函館校

14：40- 14：45	開会挨拶：蛇穴　治夫（北海道教育大学長）
14：45- 15：45	基調講演：「国際関係の行方 ― 日本はどう取り組む？」 田中　均（日本総合研究所国際戦略研究所理事長、元外務審議官）
15：45- 15：55	休憩
15：55- 16：10	講演 1：「国際地域研究を生かした教員養成」 後藤　泰宏（北海道教育大学函館校）
16：10- 16：25	講演 2：「日本における多文化共生施策の現状と課題」 森谷　康文（北海道教育大学函館校）
16：25- 16：40	講演 3：「エジプトでの国際教育協力プロジェクトの経験から ― 国際 　　　　地域学科による国際協力の可能性と意義 ―」 田中　邦明（北海道教育大学函館校）
16：40- 16：50	休憩
16：50- 17：50	パネルディスカッション 　田中　均　　（日本総研国際戦略研究所理事長、元外務審議官） 　孔　麗　　　（北海道教育大学函館校教授） 　森谷　康文（北海道教育大学函館校准教授） 　古地順一郎（北海道教育大学函館校准教授） 　コーディネータ：山岡　邦彦（北海道教育大学函館校特任教授）
17：55- 18：00	閉会挨拶：後藤　泰宏（北海道教育大学函館校キャンパス長）
司会	林　美都子（北海道教育大学函館校准教授）

2. パネルディスカッション
「国際化の中でさぐる地域活性化へのカギ」

パネリスト（発言順）
　　田中　均　　　（日本総研国際戦略研究所理事長、元外務審議官）
　　孔　麗　　　　（北海道教育大学函館校教授）
　　森谷　康文　　（北海道教育大学函館校准教授）
　　古地順一郎　　（北海道教育大学函館校准教授）
コーディネータ：山岡　邦彦　（北海道教育大学函館校特任教授）

山岡：シンポジウムの第3部、最後になりました。「国際化の中でさぐる地域
　　活性化へのカギ」をテーマにしたパネルディスカッションです。

　　きょう、基調講演で田中先生から、平成の30年間、世界は大きく変化し
　て、その中で2つの出来事があったという大きなお話を頂きました。

　　まさに、世界はグローバライゼーションによって大きく変化しました。そ
　ういう世界の変動にどのように適応していくかということに追われた30年
　間でもあったと思います。

　　これからは、基調講演の中にもありましたけれども、いろんな状況に振
　り回されていくのではなく、能動的に取り組んでいくことが大切だろうと思
　います。そのための具体的な協議あるいは提言というものを、このパネル
　ディスカッションを通じて探っていけたらなと考えています。

　　パネリストの4名の方に登壇していただいています。手前から田中均先
　生、それから本学の孔先生、森谷先生、古地先生、それぞれの立場からご見
　解を伺おうと思います。時間が非常に限られていますので、お一人1回につ
　いて5分以内でのご発言でお願いしたいと思います。

　　大きく分けて2つのことをお伺いします。1つは、このグローバライゼー
　ションがもたらしているさまざまな面のなかで、どの部分に最も注目してい
　るかということです。光もあれば陰もあります。コミュニティーに対する影

響、人の移動、観光、インターネット情報、外国人労働者の話も出ています
けれども、そういったなかで何に注目していらっしゃいますか。

　2つ目は、では、これから地域、特に地元の活性化ということが各地方の
課題になっているわけですけれども、そういったことへの具体的な提言をお
伺いしたいと思っています。

　では、最初に、グローバライゼーションをもたらしているものということ
で、最も注目している分野、あるいは最も注目していることはこれだとい
うのを、田中均先生から順番に、お一人5分以内でお話ししていただきま
しょうか。

　それでは、田中均先生、よろしくお願いします。

田中：実は私は、日本は、グローバラ
イゼーションの負の部分も諸外国ほ
ど大きくなかったということだと思
うんです。それは逆に言えば、日本
が本来取り組まなければいけなかっ
た課題が残ったままだということ
で、この課題にできるだけ早く取り
組まないと、もはや日本という国は
非常に衰退した国になるのではない
かということです。

　それは具体的に申し上げると、い
くつかの根源的な課題があります。

田中　均　先生

一つは、少子高齢化、労働力不足、それから成長の源泉であるイノベーショ
ンが十分でない、地方の活性化が行われていない、さらに、まさにきょうの
課題でもあるグローバライゼーションに立ち向かえるような十分な人材が
育っていない、こういうことだと思います。

　これに加えて、当面は目の前で何となく目くらましが行われていますが、
日本の財政がほとんど破綻しつつあるのに、先延ばしをしているだけだとい
う問題もあります。その結果として、社会福祉は将来の見通しが十分に立っ

ていません。年金もそうだということですね。

　ですから、一口で申し上げれば、グローバライゼーションの本来受けるべき恩恵も受けていないし、その間、失われた機会というんですか、取り組まなければいけない課題について、十分な取り組みが行われていない、というのが最大の問題だと思います。

山岡：ありがとうございました。

　それでは、孔先生、お願いします。

孔：まず、道南地域の課題は何か、それからグローバリズム、それが道南地域、北海道にもたらしたものについて、私の最近の研究の内容からご説明したいと思います。

　道南地域の基幹産業の一つである水産加工業が抱えている問題点と課題について、私はアンケート調査と聞き取り調査を行ってきましたので、水産加工業についてお話しします。

孔　麗　先生

　函館市を含む道南地域の水産加工業は、厳しい状況に置かれています。1つ目は、イカ不漁をはじめとする漁獲量の減少によって水産加工原料の確保が難しくなっていること、2つ目は、加工原料の輸入の問題です。

　それに加えて、水産加工業が慢性的な労働力不足となっていることです。このような状況のなかで、道南地域で水産加工業は、まず原料の輸入、それから加工品の輸出、そして外国人労働力の活用という局面で国際化が進んでいます。

　私が行った調査では、37％の水産加工企業は、イカ原料の不足を輸入で代替していると答えています。それに対して輸出に関しては、27％の企業は、すでに輸出していると答えています。それに、今後は輸出も考えたいとしている企業を合わせると56％に達します。輸出品はイカとホタテの加工

品が多く、輸出先は中国と東南アジア諸国が中心です。

　そういう意味では、函館の水産加工企業は、国際化という意味では進んでいるといえます。

　もう一つは、外国人技能実習生の受け入れです。水産加工業は典型的なきつい、きたない、危険といった3K職場であるため、若者にも敬遠されています。また、低温の室内での作業ですから、高齢者にはつらい仕事です。そのうえ、道南地域は人口減少が続いていますから、必要な労働力を確保できません。

　先ほど田中先生は、これからの北海道の活性化のカギの一つは、若い人に活躍してもらうこととお話しされていましたが、道南地域の水産加工業は、若者に敬遠されている仕事です。

　「ハローワーク函館」に出された水産加工企業からの求人に対する充足率は、3割にすぎない状況です。その不足を技能実習生が補っているのです。

　道庁の調査によれば、渡島管内の技能実習生の受け入れ数は、2013年の697人から、2018年には1,274人へと1.8倍になっています。そのほとんどが水産加工業と考えられます。

　私が行った渡島管内の水産加工企業に対する調査では、すでに技能実習生を受け入れている企業は31％あります。今後は受け入れたいとする26％を含めると、半分以上の企業は技能実習生を受け入れようとしています。

　受け入れている企業は、「技能実習生なしには経営が成り立たない」と答えています。このようなことから、外国人実習生の受け入れは、今後さらに増加すると考えています。

　しかし、グローバル化が進み、労働力は国をまたいで移動するようになってきています。すでに、外国人労働者はシンガポールや台湾、韓国と奪い合いとなっています。

　道南地域の人口減少は、さらに加速していくと考えなければなりませんから、道南地域の水産加工業の最大の課題は、外国人労働者の確保だといえます。

山岡：ありがとうございました。

　水産加工業はもう完全に労働力不足だという現状をご指摘されました。しかも、それを外国人労働者を受け入れて穴埋めしようとしても、国際的に奪い合いになっているということで、その確保が、困難に陥っているというご指摘でしたね。

孔：はい。

山岡：では、次は森谷先生、こういう現状を踏まえて、果たして、これに関連する、外国人労働者の受け入れの態勢というのは整っているのかどうかという点にも言及されながら、先生の考えておられる課題をご指摘いただけますか。

森谷：孔先生と田中先生も少しお話しされていましたけれども、私も人の移動の問題は大きな課題だと思っています。確かに孔先生がご指摘されたように、労働力不足で、これからもっと外国人技能実習生を受け入れていく必要があるでしょう。ただ、アジアも含めて奪い合いになってくるので、それをどう確保していくのかということが課題だとおっしゃられていたんですけれども、グローバ

森谷　康文　先生

ライゼーションで、移動するということだけに着目をしていると、もう奪い合いの連続で、それで言うと、日本はとても太刀打ちできないなと私は考えています。

　もっと言うと、もうそろそろ、今度は日本人が中国語を勉強して中国に出稼ぎに行こうかなという、そういう時代になってくるのではないかなと考えています。本当に笑い話ではないと思います。

　ということを考えると、技能実習生――移動して、ある程度してまた帰る――という循環していくような、そういう受け入れで果たして地域がもっていくのかということです。

　もっと言うと、国内でも移動がありますよね。外国人技能実習生を受け入れても、若者が札幌に、東京にというふうに都市部へ向かっていくという、この構造を変えていかないと、もう地方産業あるいは地方都市自体が成り立っていかなくなるのではないかなと思います。どこも地方は、東京、名古屋、大阪以外はどんどんゴーストタウンになっていく、そういうことだって考えられるわけですね。

　そうすると、今度は、いわゆる循環していく労働力の受け入れではなくて、本気で移民を受け入れるというようなスタイルに変えていかないと、函館は確実になくなるかなと私は危惧しています。

　なので、私の研究のところで話しましたけれども、多文化共生というのであれば、やってくる外国人が日本に適応していくということもありますけれども、受け入れた日本人が外国人の立場に立って、われわれも変わっていくという姿勢を見せていかないと、本当の受け入れ態勢というのはつくれないだろうなと思っています。

山岡：古地先生、しきりにうなずいておられましたね。この問題意識というのは共有されていると思うのですが、循環式での外国人労働者受け入れは成り立たなくなっている、となると、移民の受け入れ、定住の扱い、コミュニティーへの影響やその将来像など、いくつかの課題が見えてくると思います。古地先生はどのように見ておられますか。

古地：ありがとうございます。田中先生が先ほどおっしゃった、「日本はグローバリズムの恩恵にあずかっていない」という点ですが、3人の先生方のコメントを伺っていて感じたことは、日本がグローバリズムの波に乗れなかったとすれば、その原因は、時代に合わせた「価値観の転換」ができなかったことにあると思いま

古地　順一郎　先生

す。言い換えれば、高度経済成長時代に培われた価値観、過去の成功体験にとらわれてしまっているということです。

　外国人労働者に関しても、これまで受け入れ企業にとって都合の良い一時滞在型、循環型でやってきて、それがある程度うまくいっていたので、現状維持でいけばいいのかな、という考え方が残っているような気がしてなりません。

　私は、2014年に本学で勤務するようになるまで約15年間カナダで暮らしていましたが、日本に戻ってきて思うことは、グローバル化する世界において、縮小する日本や地域社会をどう運営していくのかという考え方がほとんど感じられないことです。一応、人口減少みたいな話はニュースでも出ているし、実際、そういうことが地域社会でも話題にのぼります。しかし、地域の方々とお話をしていても、縮小する地域社会をグローバル化する世界の中で捉えるという感覚をほとんど感じることがありません。人手不足とか、そういう話はしますが、それを解決する方法に関しては、基本的に1970年代、80年代、90年代のような、右肩上がりの社会で行われてきた思考方法でやっているように思います。これでは無理です、というのが私の率直な感想です。

　田中先生の基調講演の中でも、若い人の力を使わなければいけないという話をされていました。私が専門とするカナダ政治の話をすれば、被選挙権が18歳からで、20歳前後の人が国会議員になることもあります。また、30代で大臣になる政治家もいます。社会の意思決定の場に若者を積極的に招き入れ、次世代のリーダーをつくっていくという考え方があります。

　そういうなかで、函館に着任してちょっとショックだったことは、ある方に、「函館って、50歳にならないとものが言えないんだよね」と言われたことです。「私は50歳になったので、これからやっとものが言えます」と。えっと思って……。フランスのマクロン大統領は41歳で、カナダのトルドー首相も2015年の就任当時は43歳でした。そういう人たちが世界を動かしているなかで、50歳からってちょっと遅くないですか、と感じました……。

　ですから、私はその方に、「では、15歳ぐらいからものが言えるような地

域社会にしてください」と申し上げました。このような雰囲気が組織の硬直化などにも表れてきているのではないかと感じます。本当であるなら、危機的な状況にあると感じています。

山岡：価値観の転換ができなかったというのは、若い人ももっとどんどん出てきてしゃべれるようなことも含まれると思いますけれども、ほかにもありますか。

古地：あとは、女性の活躍でしょうか。さらに、外国人に関して言うと、地域によってはグローバル化に対応できているところがあります。例えば、北海道の東川町は、「世界の中の東川町」という視点で長年取り組んでいます。公立の日本語学校をつくったのもその一つですね。

山岡　邦彦　先生

　世界の活力を地域の活力にどう転換していくかというときに、リスクをとれるかとれないかということが大きいのではないかと思います。これは新しい政策をつくるときもそうですけれども、リスクをとって、それを許容できるのかということですね。私は、カナダのモントリオールの市役所で少し働いていたことがありますけれども、「失敗してもいいからやってみて」と言われたことがあり、おもしろかったなというのはありました。

山岡：最初に田中均先生が、日本は結局、本来の課題をそのまま手つかずで残しているのではないか、グローバライゼーション以前に、その影響、恩恵も受けないまま、取り組むべきことをきちんとやってこなかったということでいくつか列挙されました。少子高齢化とか、地方の活性化とか、日本の財政破綻、必要な施策の先延ばしとかですね。財源の問題など、特にこれから外国人労働者が入ってくる、定住していくとなると、地域の負担につながっていくわけですね。つまり、外国人を受け入れれば、どうしても教育の問題は出てくるし、医療の問題や社会保険の問題が出てきます。ある程度財源の裏づけがない限り、対応ができないということなのですね。

　日本は既存の課題にとどまらず、グローバライゼーションの影響を受けて、新規の問題にも取り組まなければならないのに、まだなかなか手を打たないでいるのだなと、話を聞きながら思いました。

　田中先生は、日本はこれから課題に取り組んでいかないと衰退していくばかりだとご指摘されました。日本は、とうに低成長の時代ですね。

　そういうなかで、日本が山積している課題に取り組んでいくために、どうすればよいのかということについて、お話を伺いたいと思いますが、いかがでしょう。

田中：私は、その問題にどう取り組むかのカギというのは、1つしかないと思うんです。それはやっぱりイノベーションということです。今、山岡さんが言われたものをやるには、財政負担が必要ではないか、それだけの財政負担はないんじゃないか、という話をされたけど、それを解決していく唯一の手だて、日本のような国が本来、財政のばらまきではなくて、成長していく、地方が活性化していくカギというのはイノベーションなんです。

　イノベーションというと、皆さんは、いわゆる技術的革新を思い浮かべられるかもしれません。確かに、技術的革新も非常に大事なことなのですが、個人の認識のイノベーションといいますか、何かをやっていくというマインドセットができるかどうかということなんです。

　私は外務省にいて、自分のやってきたことを喧伝するつもりは毛頭ないのですけれども、1つだけ私が心がけていたことをお話しします。それは、新しい課とか新しい局に入ったときに思ったことです。外務省の人事というか、外務省においては、たいてい1つのポストは2年とか3年で、ものすごく短いのです。ですから、自分が2年の間に何ができるだろうかということを考えたわけです。いやあ、それは、例えば北朝鮮の問題にしても、普天間基地の返還にしても、自由貿易協定にしても、何にしても、白地に絵を描くようなことですから、ものすごく難しいのです。しかし、それのほうがうんとチャレンジングなのですね。それが私はイノベーションだと思うのです。革新的な考えで物事をつくっていくということだからです。

　函館に具体的に何が必要かというと、1つなのです。この函館を何の拠点

にできるかということに尽きます。拠点にすることによって人が戻ってくる、拠点にすることによって労働力が増える、拠点にすることによって経済が活性化する、ということですよね。

　この函館を拠点にするためには、どういう考え方を取り入れるべきかというと、いったい函館の利点は何だろうかというところから始めるべきですね。というのも、それは利点がないところに人は来ないからです。利点を最大限活用して初めて人は来るのです。

　もし皆さんが函館に住んでおられるとすれば、その利点に案外、皆さんは気づいておられないと思うのです。しかし、私のように東京からここに来ると、函館が持っている利点のことをつくづく思うわけです。東京はものすごく蒸し暑かったです。でも、ここには梅雨はないのですね。少なくとも半年ぐらいの間はとても天気もいいですし。だから1つ目は天候の利点です。2つ目の利点は、スペースです。こんなスペースは、東京にはありません。このスペースを活用できるかどうかということです。

　それから、3つ目は食べ物です。考えられないですよ、東京と違って函館には自然の食べ物がふんだんにあります。

　それから、函館というのは歴史的な拠点でもあるのですね。さっき私も、あっ、そうかと改めて思ったのですけれども、ペリーが日米和親条約を結ぶために1854年に再び来日し、横浜での会談を終えて次に向かったのは函館でした。それは、太平洋から来たときに、利点があるからなのですね。

　それで、そういう利点を活用するニーズがなければ、誰も活用したりはしないのです。何をする必要があるのかというと、基本的には、拠点にして、経済を活性化するということです。

　実は私は、前にちょっと申し上げましたけれども、2年間サンフランシスコにいたのです。私は何回もシリコンバレーに行きました。何でここはITとか、いろんな産業の拠点になっているのだろうかと考えてみました。答えは、ここに必要なすべてがそろっているからです。今申し上げた天候、それから、言うのを忘れましたけれども、実は交通の便も利点の一つです。ここ函館の利点は、新幹線もできて、さっき伺うと、東北に1～2時間で行け

るそうですね。札幌よりもうんと利点があるはずなのですよね。シリコンバレーも実はそうなのです。南カリフォルニアと北カリフォルニアの接点であるということです。

　ですから、そういう利点を利用して、何の拠点にするかというと、私は、答えは明らかだと思っています。これは、先ほどから議論をしているわけですけれども、国際的なマーケットから外国人労働力を入れるための拠点にするということではないでしょうか。そのためには、今しがた議論されたように、受け入れ態勢がなければなりません。受け入れ態勢をつくるためにどうするかというのが当面の課題になるはずです。

　これから、新たに外国人労働力を 34 万人受け入れるというときに、日本政府がやっていることは、企業単位、みんな企業に任せることしか考えていないのです。移民という話が出ていましたけれども、これとても決して移民政策でやっているわけではないのです。けれども、それは受け入れるほうが移民政策としてやってはならないということを意味しているわけではありません。

　ですから、函館が拠点になれば、このコミュニティーが外国人の労働者を受け入れるための態勢をつくるということは、大いに可能なのです。そのために何をする必要があるでしょうか。財政がないではないかとよく言われます。でも、いろんな地方に行ってみると、皆さん、ふるさと納税というのを実はうまく使っている地方があるのですね。特定の目的にリンクさせるということです。そういう外国人労働力の受け入れ態勢をつくる、その利点はいっぱいあります。申し上げたとおりです。だから、ここを特区にでもすれば、なおさらよいと思います。

　それからもう一つ、大きな柱があるのです。それは国際的な人材育成の拠点にするということです。そのためにはどうしたらよいでしょうか。実は私自身の興味もそこにあります。私は、外務省をやめてから東京大学で 10 年間、学生を教え、ゼミをやっていましたし、それから、今、経団連でやっている、高校生のために奨学金をつけてインターナショナルバカロレアを取らせるというプロジェクトの役員をしています。大学生の交流も大事です

が、高校生ぐらいから、日本にいる高校生と新たに来日する外国人の高校生を交流させるというような学校をつくったらよいと思うのですね。

それを軽井沢につくった人もいます。小林りんという人ですけれども、3年制の全寮制インターナショナルスクールで、英語で授業をしています。そこでは、日本人が多分半分ぐらいいるのですかね、世界中のさまざまなバックグラウンドを持つ若者が学びと寝食を共にするという、新たな教育の場になっているということです。

それから、私はこれもぜひやってほしいと思うのですが、サマースクールを開くということですね。私の子どもたちも外国で半分ぐらい育ちましたけれども、夏になると必ずサマースクールに入れるのです。何のために入れるかというと、社会性を身につけさせるためです。中学生でも高校生でも、そこで異文化交流をして、いろいろな国の人と交流をするなかで学んでいくということです。この北海道の函館でサマースクールをつくろうとすれば、地の利、食事の利、すべての面で利点があるのですから、そして寄宿舎とか、そういう生活の場をつくることもそれほど難しいことではありません。この大学の寄宿舎が、夏はあいているかもしれません。

では、そういうイノベーション、技術革新ではない、考え方のイノベーションということを、ぜひ私は函館の方におすすめします。函館をコミュニティーとして労働力受け入れの拠点にする、そうすると、必ず産業がきますよ。

何でグローバライゼーションというのは、資金とか技術とかお金が貿易、投資で動いていったかというと、それは労働力の質が良くて、賃金が安いから、当然そこに移動するのです。それを函館でつくればよいのではないでしょうか。そのためには、日本人の賃金が安くできればよいのですが、地方にはそのメリットがあるかもしれません。それから、外国人の労働力だって受け入れる態勢ができれば、優秀な人材がやって来ますよ。

だから、ぜひそういうイノベーティブな考え方を北海道教育大学には導入していただきたいと思います。

山岡：今、田中先生からイノベーション、そういう労働力受け入れの拠点を函

館がつくっていけばよいのではないかというご提言を頂きました。

　では、孔先生、中国とのコミュニティー、いろいろご存知だと思うのですが、そういう視点からご覧になって、ご提言を頂けませんか。

孔：田中先生の、この地域を外国人の受け入れの拠点として考えてはどうかというお話に賛同いたします。生産年齢人口の減少が続く日本、特に地方において経済規模を維持していくためには、どうしても外国人労働者の受け入れは避けて通れません。そういう意味では、地方再生のカギの一つは、外国人労働者の受け入れだと考えております。

　今年4月から入管法が改正され、「特定技能」という新たな在留資格が動き出しました。これについては、時間がないので、詳しくお話しすることはできませんが、特定技能1号は、現在の高度人材と技能実習生の中間に位置づけ、外国人労働者を受け入れようとするものです。これまでの、高度人材以外は受け入れないとしてきた方針の大きな転換と言えます。

　しかし、問題の多い技能実習制度がそのまま存続しています。技能実習制度は、建前上は、技術を通じた国際貢献を目的としたものですが、実態は、技能実習生を労働者として使うという、いわゆるダブルスタンダードとなっていることからさまざまな問題が発生しており、この制度は限界にきていると思います。

　機械化やITなどで対応できない企業は撤退すべきだという意見がありますが、その意見が通れば、地方の大半の中小企業は存続できません。ひいては、地域の経済も衰退してしまいます。

　私は現在、日本の外国人労働者の受け入れ政策について研究しております。そのために、シンガポール、台湾、韓国で現地情報の収集をして、分析しています。

　もちろん、どの国の受け入れ政策が最適かという答えはありません。それは、それぞれの国が歴史や経済状況をベースに、政策、制度を組み立てているからです。重要なことは、それぞれの国の良いところを日本の実情に合うように工夫することです。

　現地調査を踏まえて、今後の日本の外国人労働者政策の受け入れのあり

方について、最も重要な4点を取り上げて、簡単に申し上げます。

　1つ目は、必要な分野の単純労働者を正面から受け入れることです。その際、雇用主に雇用許可を与える「雇用許可制」にするか、それとも外国人労働者が申請する「労働許可制」にするか、慎重に検討しなければなりません。

　2つ目は、人材仲介業者の介入を極力少なくすることです。そのためには、二国間協定で受け入れ国と送り出し国の責任や義務を明確化させる必要があります。また、韓国のように、送り出し・受け入れに政府関係機関が積極的に関与する仕組みを構築することも必要です。

　3つ目は、「労働市場テスト」の実施です。これは、外国人労働者を雇用する前に、自国民の応募の状況を確認しようとするものですが、各国で広く採用されています。受け入れる業種や人数を可視化すれば、国民に外国人労働者の受け入れを納得させることもできます。

　4つ目は、外国人労働者の受け入れにともなう社会的費用の受益者負担です。例えば、シンガポールでは「外国人雇用税」、台湾では「就業安定費」として雇用主から徴収しています。その税収は、外国人の受け入れに伴う行政費用の一部として充てています。

　最後になりましたが、外国人労働者を国際的に奪い合うようになった状況のなかでは、日本に来る外国人労働者にとって魅力的な制度に向けて、国民全体で議論が深まっていくことを期待しています。

山岡：法規制のあり方とか、財政の一案ということで紹介していただきました。それでは、森谷先生、お願いします。

森谷：まず、田中先生のお話のときに、ここに北海道教育大学の学長と函館市長がいてほしかったなという感じがします。

　孔先生のほうから、外国人労働者の獲得といいますか、確保というのが大事だという話で、法規制の問題もありましたけれども、一つは、労働者を受け入れるというときに、仕事があるから来ますよ、という人たちだけではないということですね。人が来るということは、そこに生活があって、家族をつくって、あるいは家族を一緒に呼んで、進学を含めて子どもの将来につ

いても一緒に考えていく、あるいは一緒にその地域で暮らす、そういう生活をつくっていくということですので、労働者の条件だけを見ていくということではだめなのではないかなと思っています。

　そういう点では、一緒に家族で来れるとか、子どもが教育をしっかり受けられるとか、その子どもにもグローバルな教育を提供することができるとか、地域でそういった人たちが暮らしやすいいろんな仕組みをつくっていくとかが必要でしょう。イノベーションという話がありましたけれども、私たちいわゆる日本人が日本人の感覚で、あるいは函館の人が函館しか知らない感覚で見ていくだけでは、やはり限界があると思います。外から来た人たちと対等な立場で話ができる、そういう環境をつくっていかないと、次のステップを踏むことはできないのではないかなと思います。働く環境とともに、暮らす環境ということを含めて、コミュニティーが受け入れていくということをおっしゃっていましたけれども、そういったことについて、私たちは本当に議論をしなくてはいけないのではないかなと思っています。

山岡：来たるべき社会、コミュニティーづくりについての考え方、必要性について指摘されました。

　それでは、古地先生、何かご提言がございますか。

古地：いま皆さんがおっしゃったようなことが重要だと思います。それこそイノベーションという話はとりわけ重要でしょう。イノベーションを生み出す風土をつくるのはなかなか難しいかとは思いますが……。

　ただ、先ほど田中先生のお話にもありましたけれども、函館はそういうことができるまちだと私も考えています。なぜかというと、函館の人たちは19世紀にそれをやってきたからです。函館がなぜ観光客にとって魅力のあるまちになっているかというと、和洋折衷建築もそうですけれども、新しいものを取り入れ、混ぜ合わせながら、函館独特の文化をつくってきた人たちがいるからです。

　21世紀の今、グローバライゼーションのなかだからこそ、函館のエスプリをもう一度生かしてみてはいかがですかということで、私は、「19世紀の函館のDNAを21世紀に改めて活性化してみませんか」と、いつも話して

います。カナダで移民政策や移民統合政策を研究してきましたが、カナダでの長期滞在を通じて見えてきたことは、中長期的な視点に立ったとき、ダイバーシティ、多様性を推進して損することはないということです。このような考えから、函館・道南地域でも多様性を生かした地域づくりをいろいろな形でやらせていただいています。

　異質なものを受け入れるというのは、簡単なことではなくエネルギーを必要とします。そういう意味ではしんどいですけれども、そこで感情的になって終わるのではなくて、先ほどのポピュリズムの話ではありませんが、ぐっとこらえて、「知的タフさ」を持って冷静に議論をしながら、いいところと悪いところ、受け入れられるところ、受け入れられないところをきちっと切り分けながら話をしていく —— 辛抱強く対話を続けながら新たなものをつくっていくという姿勢が非常に大事だと思います。

　また、首都圏と地方との格差がだんだん大きくなっているような気もしていて、地方の大学こそ頑張らなければいけないと思っています。地方の人材育成、これは大学生だけを対象にしているのではなくて、地域の人材を大学としてどのように育てていけるのか、それは社会人教育、リカレント教育を含めながら、そういうところに本学がどのように刺さっていけるのかということが問われているのではないでしょうか。

　だからこそ、グローバル化した世界における日本の地方都市の持続的発展モデルを函館からどうつくるのか、ということが大きいかなと思いますけれども、このまちだったらそれができるような気が私はしています。

山岡：将来への展望が開かれるようなご指摘でした。

　サマーキャンプのご提案もあったんですけれども、ここでフロアに開いて、皆様からのご意見なりコメント、もしくは質問を頂戴したいと思います。—— はい、どうぞ。

会場からの発言：私はここの学校の卒業生ですけれども、今から半世紀も前に卒業した後期高齢者でございます。

　きょうの会のお話は、先ほどもおっしゃっていましたけれども、ほんと、工藤市長はじめ函館の全市民に聞かせてあげたかったと思っております。

たったこれだけの人数で、こんなすばらしい話を聞いて、多分新聞が報道することでのみしか市民は知り得ませんので、お並びの教育大学の函館在住の先生は、ぜひ事あるたびにきょうのお話を函館市民にわかりやすくおっしゃっていただければありがたいなと思っております。

　普通の市民は、大学の教授で博士とかというと、とてもとても距離が違うし、言葉も違うのではないかと思って、畏れ多くて近づけないということなのですけれども、きょうのお話を聞いて、古地先生のお話が最後だったので、特に言葉をそのままお返ししたいと存じます。ペリーが来て、函館は国際都市として日本で開けた、はっきり言って初めての町です。そういうDNAは持っています。ただし、女性が、です。男性は、そちらにお並びの先生は函館生まれの方はいらっしゃるかどうかわかりませんけれども、函館の男性は、だいたい札幌か東京か、どこかの大学に行ってしまったきり、函館に帰ってきません。私のところもそうです。みんなそうです。

　そして、外務省の、本当にお偉い先生だった先生がこんなにお近しく函館のことを思ってくださることで、なんだか涙が出そうです。私も本当に函館が魅力のあるまちのナンバーワンということは、観光旅行ですけれども、世界を何カ所か歩いて、よくわかります。

　でも函館は、もう瀕死の状態です。「こんな函館に誰がした」って、私たち後期高齢者の女性はみんな思っています。そして、函館の今お住まいになっている男性は割とおとなしいというか、水産加工の社長さんに頼るしかないなという感じの町になってしまっておりますが、やはり函館は世界の函館でありたいと思っています。

　昔の日本の地図に、「箱館」と書いていますね。そういう世界地図が英国から出版されたもののなかにあるような気がいたします。

　そんなわけで、何回も申しますけれども、そして言葉が過ぎますけれども、函館の女性というのは、いわゆる内地の女性に比べて進取の気性に富んでいるというか、礼儀知らずというか、男を男と思わないというか、ひんしゅくを買っている人が多いのですけれども、そういうDNAだけはあるのです。私は、寄る年波にはしようがありませんので、ぜひ若い方に、そして

この学校の卒業生の若い方々に委ねて、函館がいい町として世界に残っていくようにと見守っております。

　言葉が過ぎまして、失礼いたしました。ありがとうございました。

山岡：どうもありがとうございました。では、次の方、どうぞ。

会場からの発言：きょうは、皆さん、大変貴重なお話をありがとうございました。私は函館市の途中からの人間といいますか、田舎町、松前郡の福島町から4年生のときに転校してきて、函館で育って、高校を出て、大学はちょっと函館を離れました。そういう意味では、一回函館を離れて、函館に戻って、函館の良さを、今おっしゃってくださった方と同じように、重々感じているんですけれども、先ほど来のお話を聞いていますと、函館のまちづくりを誰がするのかといったときに、誰かよいものをつくってくれたらいいねという先生方のお話のなかにあったのは少し残念だったかなと思います。先生方が核になってやっていただければよいのかなというような気がします。

　そして、人づくりという面では、教育大生の皆さんのなかには、先生を希望している、志望している方もいるようですけれども、私も校長を9年ばかりやって地域の教育には少しは関わってきたんですが、残念ながら、函館および道南あるいは北海道を希望している学生さんよりも、札幌だとか、都会あるいは東京に帰って教師をしたいというような学生さんが多いのであれば、ぜひ先生方の力で、より北海道の教育の礎になってくれるような若い先生を生み出してほしいなと思います。

　そうしていけば、私も努めて関わってきた校長会も、教育実習に一生懸命力を入れてやっていくのではないかなという気がしました。

　それから、函館の人たちの人口が毎年3,000人減っているという具体的な事実があります。現在の人口が減っていく理由は、やはり職業がないからです。きょうの函館新聞、きのうの新聞を見てもわかるように、成人、一般男子の人たちの求人広告を見ていても、月給は15万、20万ですよ。どうしたって、男一人で家族を養っていけません。かつては、男一人頑張って、40代ぐらいになったらそこそこの給料をもらって、一家を支えていったと思うんですけれども、今は、必ずしもそういう状況ではありません。あまりに

も低賃金だから、すべてといったら過言ですけれども、私どもが受け持った家庭でもほとんどが共働きの状態でした。それではどうしても子どもの教育に手が回りません。

それで、教育に手厚くしようということで、何人目からの子には補助金だとか、あるいは教育を無償化にするだとかして、行政など、市でもさまざまな手は打っていると思いますけれども、まだまだ十分ではありません。そういうことで、市長にも同席して聞いてもらったらよかったのかなという意見もあったのかなと思います。

できれば、せっかくここでやったすばらしいお話、田中均先生のすばらしいお話を普遍化していく、どんどん広げていって、函館市の中にある本当は函館を愛する気持ちを盛り上げてもらえればいいのかなと思っています。

観光都市でもあります。観光でも、聞くところによると、何カ所かのところだけがひとり勝ちで、それが全部、観光として多くの市民に潤っているかというと、そうではありません。それを潤っていくようにするための政治、あるいはそこに関わる人たち、あるいはまちづくりを一生懸命始めているところもありますから、そのところと先生方がもっと大きく関わってくれることを期待したいなと思います。

私も微力ながら、そういうようなところに自分も関わっていかなければだめだなというふうに改めて思いました。

きょうはどうもありがとうございました。

山岡：ありがとうございました。きょうは、さまざまな課題が提示されました。この函館にとどまらず、北海道、さらには東北も含め、全体がこのまま何もしないでいくと、衰退していくことは十分ありうるわけです。きょうはさまざまなご提案、具体的にサマーキャンプでここを拠点にしていく、そういう知恵もご提示していただきました。ぜひこれを今後の研究あるいは施策や行動に移していってもらえればと思います。このパネルディスカッションが、そうした実践によって何らかの成果をもたらす契機になればいいかなと思っています。

皆さんのお話をもっと徹底的に伺いたいところですけれども、残念なが

ら、時間もまいったようですので、きょうのパネルディスカッションはここ
で終わらせていただきたいと思います。（拍手）

あ と が き

　国際地域研究とは何か。北海道教育大学函館校国際地域学科として最初の論考を『国際地域研究　Ⅰ』として刊行したのは平成最後の年であった。ちょうど1年後、令和の時代に続編の『国際地域研究　Ⅱ』をこうして世に出すに至った。

　一世代前、われわれは、昭和から平成への移行や、ベルリンの壁崩壊とそれに続く東西冷戦の終焉、バブル経済に沸いた日本繁栄の絶頂など、時代の変わり目のなかにいた。それから30年を経た今、日本も世界も再び大きな転換期に入っている。国際情勢と個々の地域がかつてないスピードで相互に作用し合う現代社会にあって、国際地域研究の必要性はますます高まっていると言えよう。

　前回と同様、本書は3部から成る。公開シンポジウム「国際地域研究の現実的課題 ― 国際化の中でさぐる地域活性化へのカギ ― 」の成果を盛り込みながら、学内から募った諸論文を通じて、具体的な課題への取り組みを提示してみた。

　第1部は「国際社会における日本の役割」を共通テーマに、シンポジウムの基調講演と、国際地域学科における国際協力の試みを紹介した。第2部「国際地域研究　各論」は、「北海道の課題」「多文化共生への挑戦」「教育の実践例」の項目ごとに意欲的な論文を掲載している。第3部では、シンポジウムのパネルディスカッションで論じられた「国際化の中でさぐる地域活性化へのカギ」を提示した。いずれも多くのヒントを与えてくれるものと自負している。

　2巻目を出すことで、新たな領域にいま一歩踏み込んでみたつもりである。前回に引き続き、忌憚のないご批判、ご意見を仰ぎたい。

　2020年3月

北海道教育大学函館校 国際地域研究編集委員会

山岡 邦彦（編集委員長）・羽根田 秀実・外崎 紅馬・木村 育恵・長尾 智絵・林 美都子

執筆者紹介
(執筆順)

蛇穴　治夫　（じゃあな　はるお）

　　北海道教育大学長

　　担当：序言

五十嵐　靖夫　（いがらし　やすお）

　　北海道教育大学函館校キャンパス長。北海道教育大学大学院教育学研究科修了。北海道教育
　　大学函館校国際地域学科地域教育専攻教授。教育学修士。障害児心理専攻。著書に『発達障
　　害児へのピンポイント指導』（明治図書）他。

　　担当：『国際地域研究 Ⅱ』の刊行にあたって、第 9 章

田中　均　（たなか　ひとし）

　　京都大学卒、外務省入省。オックスフォード大学修士課程修了。アジア大洋州局長、政務担
　　当外務審議官を 2005 年 8 月退官。現在、（公財）日本国際交流センターシニア・フェロー、
　　㈱日本総合研究所国際戦略研究所理事長。著書に『外交の力』（日本経済新聞社）など多数。

　　担当：第 1 章、パネルディスカッション　パネリスト

田中　邦明　（たなか　くにあき）

　　北海道大学大学院水産学研究科博士課程修了。現在、北海道教育大学函館校国際地域学科教授。博士（水産
　　学）。論文に、"The Impact of the Hypotheses and Experiments Lessons' Strategy on the Motivation of
　　Egyptian Primary Science Teachers I -A Questionnaire Survey on the Egyptian Science Teachers" 他。

　　担当：第 2 章

淺木　洋祐　（あさき　ようすけ）

　　同志社大学商学部卒業。京都大学大学院博士課程修了。現在、北海道教育大学函館校国際地
　　域学科教授。論文に「足尾鉱山、別子銅山、日立鉱山における公害対策の実施要因について
　　の検討」（『環境情報科学論文集』）他。

　　担当：第 3 章

田村　伊知朗　（たむら　いちろう）

　法政大学大学院社会科学研究科博士後期課程修了。ベルリン大学客員研究員、学振特別研究員等を経て、現在、北海道教育大学函館校国際地域学科教授。博士（社会学）。著書に、*Die Aufhebung des modernen Staates*（Berlin: Logos Verlag 2005）他。

　担当：第4章

宮崎　悠　（みやざき　はるか）

　北海道大学大学院法学研究科博士後期課程修了。北海道大学法学部助教、成蹊大学法学部助教を経て、現在、北海道教育大学函館校国際地域学科准教授。博士（法学）。著書に『ポーランド問題とドモフスキ』（北海道大学出版会）他。

　担当：第5章

金　鉉善　（きむ　ひょんそん）

　広島大学大学院社会科学研究科法政システム専攻博士課程修了。同大学大学院社会科学研究科研究員、同大学法学部非常勤講師等を経て、現在、北海道教育大学函館校国際地域学科専任講師。博士（法学）。専攻は、民事法学。

　担当：第6章

佐藤　香織　（さとう　かおり）

　筑波大学大学院文芸・言語研究科博士課程退学。同大学助教、大韓民国慶北大学校招聘教授、青森中央学院大学日本語講師等を経て、現在、北海道教育大学函館校国際地域学科准教授。修士（言語学）。専門は、日本語文法、日本語教育。

　担当：第6章

伊藤（横山）　美紀　（いとう［よこやま］　みき）

　ウィスコンシン大学マディソン校大学院修士課程修了。東テネシー州立大学講師、公立はこだて未来大学講師等を経て、現在、北海道教育大学函館校国際地域学科准教授。Master of Arts in Japanese.

　担当：第7章

高橋　圭介　（たかはし　けいすけ）

　名古屋大学大学院国際言語文化研究科博士後期課程修了。福島工業高等専門学校准教授を経
て、現在、北海道教育大学函館校国際地域学科准教授。博士（文学）。論文に「類義語『普
通』と『一般』の意味分析」（『日本語教育』122）他。

　担当：第7章

伊藤　恵　（いとう　けい）

　北陸先端科学技術大学院大学博士後期課程修了。同大学助手を経て、現在、公立はこだて未
来大学准教授。博士（情報科学）。著書に『情報システムの開発法：基礎と実践』（共立出版）
他。

　担当：第7章

相川　健太　（あいかわ　けんた）

　公立はこだて未来大学システム情報科学部情報アーキテクチャ学科卒業。現在、公立はこだ
て未来大学大学院システム情報科学研究科に在学中。

　担当：第7章

奥野　拓　（おくの　たく）

　北海道大学大学院工学研究科博士課程修了。株式会社ジャパンテクニカルソフトウェア、株
式会社情報科学センター等を経て、現在、公立はこだて未来大学准教授。博士（工学）。

　担当：第7章

村上　健太郎　（むらかみ　けんたろう）

　大阪府立大学大学院博士後期課程修了。名古屋産業大学准教授を経て、現在、北海道教育大学
函館校国際地域学科准教授。博士（農学）。論文に「シダ類の生育地としての都市域及び都市郊
外域のハードスケープ — 中部地方のデータセットからの考察 —」（『日本緑化工学会誌』）他。

　担当：第8章

石橋　健一　（いしばし　けんいち）

　東京工業大学大学院博士後期課程修了。慶應義塾大学講師等を経て、現在、名古屋産業大学
現代ビジネス学部教授。博士（工学）。論文に「大都市近郊における駅前商業集積地に対す
る住民意識の把握 — 形態素解析によるテキスト解析の事例 —」（『地域学研究』）他。

　担当：第8章

細谷　一博　（ほそや　かずひろ）

上越教育大学大学院学校教育研究科修了。現在、北海道教育大学函館校国際地域学科教授。著書に『キーワードで読む発達障害研究と実践のための医学診断／福祉サービス／特別支援教育／就労支援　福祉・労働制度・脳科学的アプローチ』（共著、福村出版）他。

担当：第9章

廣畑　圭介　（ひろはた　けいすけ）

熊本学園大学大学院修士課程修了。佐賀女子短期大学講師を経て、現在、北海道教育大学函館校国際地域学科講師。社会福祉学修士。論文に「障害者自立支援法における不服審査の採決の問題点」（『北海道教育大学研究紀要』）他。

担当：第9章

北村　博幸　（きたむら　ひろゆき）

筑波大学大学院修士課程修了。国公立養護学校教諭、名寄市立大学助教授を経て、現在、北海道教育大学函館校国際地域学科教授。特別支援教育専攻。著書に『子どもと家族を支える特別支援教育へのナビゲーション』（共著、明治図書）他。

担当：第9章

孔　麗　（こん　りー）

北海学園大学大学院経済学研究科博士課程修了。現在、北海道教育大学函館校国際地域学科教授。博士（経済学）。著書に『現代中国経済政策史年表』（日本経済評論社）他。

担当：パネルディスカッション　パネリスト

森谷　康文　（もりたに　やすふみ）

シドニー大学修士課程修了。現在、北海道教育大学函館校国際地域学科准教授。Master of Arts in Social Policy。著書に『「難民」をどう捉えるか　難民・強制移動研究の理論と方法』（共著、慶應義塾大学出版会）他。

担当：パネルディスカッション　パネリスト

古地　順一郎　（こぢ　じゅんいちろう）

オタワ大学大学院政治学研究科博士課程修了。在カナダ日本国大使館専門調査員を経て、現在、北海道教育大学函館校国際地域学科准教授。Ph.D.（政治学・カナダ研究）。論文に「カ

ナダ政治における執政府支配の展開」（『日本比較政治学会年報』）他。

担当：パネルディスカッション　パネリスト

【コラム】

長尾　智絵　（ながお　ちえ）

北海道教育大学函館校国際地域学科准教授

担当：コラム1

山岡　邦彦　（やまおか　くにひこ）

北海道教育大学函館校国際地域学科特任教授

担当：コラム2、パネルディスカッション　コーディネータ

外崎　紅馬　（とのさき　こうま）

北海道教育大学函館校国際地域学科教授

担当：コラム3

林　美都子（はやし　みつこ）

北海道教育大学函館校国際地域学科准教授

担当：コラム4

木村　育恵　（きむら　いくえ）

北海道教育大学函館校国際地域学科准教授

担当：コラム5

【余　話】

羽根田　秀実　（はねだ　ひでみ）

北海道教育大学函館校国際地域学科教授

国際地域研究 II

2020 年 3 月 30 日 初版第 1 刷発行

■ 編　　　者 —— 北海道教育大学函館校 国際地域研究編集委員会
■ 発 行 者 —— 佐藤　守
■ 発 行 所 —— 株式会社 **大学教育出版**
　　　　　　　〒 700-0953　岡山市南区西市 855-4
　　　　　　　電話（086）244-1268　FAX（086）246-0294
■ 印刷製本 —— モリモト印刷 ㈱

©Hokkaido University of Education Hakodate Campus 2020, Printed in Japan
検印省略　　落丁・乱丁本はお取り替えいたします。
本書のコピー・スキャン・デジタル化等の無断複製は著作権法上での例外を除き禁じられ
ています。本書を代行業者等の第三者に依頼してスキャンやデジタル化することは、たと
え個人や家庭内での利用でも著作権法違反です。

ISBN978 - 4 - 86692 - 063 - 4